いま宗教に向きあう 2

隠される宗教、顕れる宗教

国内編 II

責任編集 西村 明

岩波書店

目次

目　次

装丁＝森　裕昌

序論　（ポスト）世俗化論と日本社会

西村　明

「いま宗教に向きあう」シリーズ第2巻となる本巻の主なねらいは、二〇〇〇年代以降の日本国内における「宗教」の動向を、政治や社会などとの関わりからとらえることにある。第1巻と第3巻がそれぞれ、国内と世界において二〇世紀からの歴史的流れを強く意識し、かつての宗教のあり方がいまどのように変化してきているかを軸に議論を展開しているとすれば、本巻と第4巻では、現代の宗教と世俗との関わり方のあり様に議論の軸がある。グローバル化した現代社会を理解する上で、国内／世界という分け方は有効かという意見も当然ありうる。しかし多くの日本語話者が住まう日本社会をまずは見据え、目の前の状況から始めるのが、「いま宗教に向きあう」ためのステップとしては有効だろう。そこで本巻では、第1巻で示された日本特有の来歴を踏まえつつ、第4巻で示される世界的状況の同時代性も強く意識しながら、日本国内において「宗教」あるいは「宗教的なもの」と、一見「宗教」とは無関係であるかのようで実際にはつながりを持つ「世俗」的諸事象との関わり方の具体相を検討する。

こうした作業のために必要な議論の着眼点をキーワード的に示せば、「政教関係」、「公共性・公益

性」、そして「拡散・溶解する宗教の輪郭」とでも呼べるだろう。これらはまったく次元の異なる三つの事象ではなく、むしろたがいに密接に関連しあっていることは、本巻全体をご覧いただければ、同じ用語や事例への言及がパートをまたいで随所に見られることからうかがえよう。現代日本において宗教を取り巻く状況を立体としてイメージするならば、これら三つのキーワードはそれぞれ違った側面からその立体的状況のある側面をとらえたものと言える。少々厄介なのは、こうしたキーワードの重なりとズレのすき間から「宗教」が顔をのぞかせたり、隠れたりするということである。いざ「宗教に向きあう」としても、現状としてその向きあうべき当の「宗教」そのものが、常にこちらに顔を向けているわけではないのだ。そうした見通しから、本巻では巻としてのタイトルを「隠される宗教、顕れる宗教」とした。

一　隠される、顕れる——誰に対して？　何のために？

宗教学の教育・研究をしていながら今さら言うのもはばかられるが、「宗教とは何か」を一言で説明するよう求められると、いつも困ってしまう。そこが授業の場であれば、今から半世紀前に当時の文部省調査局宗務課（現在は、文化庁宗務課）が刊行した『宗教の定義をめぐる諸問題』（一九六一）を挙げながら、一つの授業のコマをそれにあてて説明することも可能であろう。そこには「宗教の定義集」として、国内外一〇四人による相異なる定義が並んでいる。このことは「宗教の定義は宗教学者の数だけある」と言われるように、定義の乱立で学問状況が混迷している様を表しているようにも見える。

しかし別の観点に立てば、むしろ人々と宗教の関わり方は多様であるという現実を反映しているとも言える。

それでは、その多様な「あらわれ」をとるはずの「宗教」が「隠される」とはどのような事態だろうか、またそれが「顕れる(表れる)」のは誰に対して、何のためにおこなわれるのか。

遠藤周作の小説『沈黙』を映画化したマーティン・スコセッシ監督の「沈黙──サイレンス」が、二〇一七年の初めに日本でも公開された。一七世紀のキリシタン弾圧をめぐる話で、遠藤の原作を読んだ人も多いだろう。その物語の後に続く実際の歴史では、潜伏と露見事件、大浦天主堂での浦上キリシタンの告白による「信徒発見」、カトリックへの復帰をしないカクレキリシタン信仰の持続・継承など、江戸から明治初期の日本におけるキリスト教の禁教政策がもたらした信仰の「隠れ」と「あらわれ」が見られた。二〇一八年にはそれに関連する信仰の場や史跡が、「長崎と天草地方の潜伏キリシタン関連遺産」としてユネスコの世界文化遺産に登録されたことは記憶に新しい。

しかし、本巻で問題とする「宗教が隠される／あらわれる事態」は、こうした近世の禁教とそれへの対応とはやや位相を異にしている。近世のキリシタンの「隠れ(潜伏)」は、禁教し弾圧する幕藩当局に対して、信仰を守り通すためのものである。あるいは「沈黙」の主題にも見られるように、信仰を「隠す」ためにあえて絵踏みをおこない、キリシタンでないことの「表明(装い)」もおこなわれた。

それに対して、信教の自由が保障された現代社会においては、日本国憲法第二〇条の理念からすればそうした権力に対して信念・信仰を隠したり、建前的な態度表明をしたりすることは必要とされていない。とはいえ、実際の状況はそう簡単な話ではない。現代の「隠れ」と「顕われ」のあり方を、

ここであえて表現しておくとするならば、個々人の宗教的／非宗教的な信念と、社会との折り合いをめぐる諸相であると言えるかもしれない。そこでは、「宗教」は誰かによってあえて隠されているのではなく、社会から見えなくなっているのであり、他方で、これまでとは違った形態で社会的に「顕われ」てきているのである。

二　「見えない宗教」、その後

こうした現代の日本社会における信念と社会の折り合いとして、「宗教」の「隠れ」と「顕われ」をとらえようとするならば、ある程度の道具立てが必要である。宗教社会学者のトーマス・ルックマンの「見えない宗教」という概念から出発しておこう。ルックマンが同名の著作を世に問うたのは実に半世紀前のことで、宗教研究ではもはや古典的著作と言えるが、これをあえて持ち出すのは、読者の皆さんと「宗教」の見方をあらかじめ共有しておくためである。その上で、二一世紀の日本の状況に見合うように、その見方のアップデート(更新)と微修正を施すという手順を踏むことにしたい。

ルックマンは、欧米社会が世俗化しているとする従来の議論において、日曜の礼拝など教会への出席率の低下をもってその表れとしてきたことを批判し、むしろ目に見える教会出席率では測れない「宗教」の違った表れ方に目をこらしている(ルックマン　一九六七＝一九七六)。現代の「宗教」はむしろ、個人主義的傾向のなかで個々人の私的な領域に新たな世界観のかたちをとって存在しているのであり(「宗教の私事化」)、そうした意味で「見えない宗教」なのだというのが彼の論点である。これは

現代日本で私たちが「宗教」を一般的に話題にする際の用法とは異なっているので、もう少し詳しく説明しておきたい。

まず教会出席率としてとらえられるような、人々がそこから離れたように見えている「宗教」とは、実際には西欧の歴史的展開に沿うかたちで「制度的特殊化」を経たキリスト教のことであった。言い換えるならば、それはヨーロッパ社会にキリスト教が宣教されて以降の二千年近い長い時間のなかで、それぞれの時代の国家権力やルネサンス以降の人文主義、啓蒙主義などの思想潮流との相互作用を経て、「キリスト教の教会」として特定のかたちをとるようになったものである。それは、世界的に見れば「宗教」の顕われ方の一つにすぎない。ルックマンは、「教会」イコール「宗教」としてとらえてしまうこうした本質的定義(実体的定義)を、誤ったものとして退ける。

それに代わってルックマンが採用するのが、機能的定義である。[1]つまり、「教義」や「儀礼」や「教団」といった一般に「宗教」と呼ばれている実体に即して定義するのではなく、歴史的にその宗教が担ってきた働き(機能)の方に注目するのである。ルックマンは「宗教」の働きについて、日常生活のさまざまな営みを統合し、天災や死などの危機にさいしてはその理由づけを与えうるような究極的な意味の体系ととらえる。しかし急激な社会変動にさらされている現代社会では、教会が用意した教理による意味づけだけでは納得できない人々も多い。言い換えれば、それぞれの宗教伝統や個々の宗教者が提供する教えや救いの方法が、必ずしも個々人のニーズに合っていないのだ。「自分は何者なのか」といった個人のアイデンティティが問題となるのも、「宗教」が前もって用意した意味づけを、自然なものとして受けいれられなくなっていることを示している。

それでは、現代社会において究極的意味を提供する機能を持つものは、いわゆる「宗教」以外で何があるのだろうか。ルックマンによれば、(今日であればインターネットのサイトやブログの記事も含まれようが)新聞等に掲載された読者相談や、啓発的・刺激的内容や断言的思想、大衆心理を扱った雑誌類、歌謡曲の歌詞などが、究極的意味づけの「詰め合わせ」として意味のモデルとなる要素を提供し、個々人が消費者の立場から諸要素を取捨選択するかたちをとっていることを指摘している。

もちろん、こうしたルックマンの現状分析を、欧米と宗教史的背景がまったく異なる日本社会にそのままスライドさせてあてはめることは危うい。日本において西欧のキリスト教会と対比できるような「制度的特殊化」にいたった「宗教」と言えば、近世の寺檀制度により総檀信徒化が図られた仏教寺院だろうか、それとも氏神や鎮守として村落共同体の統合の中心を担った神社であろうか。すでにこうした疑問からも、単純比較が困難であることが予想される。さらに、ルックマンは「世俗化」と呼ばれる過程を現代工業社会の問題として論じているが、日本はどうか。来世志向が強く、浄土教をはじめ仏教の庶民化が進展していった中世から、「天下泰平」の近世に入り「現世利益」「浮世」などの現世主義が台頭していったことがすでに「世俗化」ではないか。いや待て、近代に入ってからの新宗教の林立や、とりわけ昭和の戦中期に「現人神《あらひとがみ》」として天皇を神聖視した現象はどう説明する。……と、もはや本巻の射程を越えて疑問は尽きない。

同時に、欧米や世界の動向においても、この半世紀のあいだ、「世俗化」や「宗教の私事化」の方向にのみ進んできたわけではない。ホセ・カサノヴァによれば、「世俗化」のもつ側面として、政治や経済など他の領域からの宗教の分離・分化、宗教を信じることや宗教的営みそのものの衰退、そし

てルックマンの指摘した私事化という三つがあるという。欧米においてはたしかに宗教と非宗教の分化は進んだものの、一九八〇年代以降の世界的動向はむしろ宗教が「脱私事化」し、政治や社会問題などのさまざまな公共的領域に参入する「公共宗教」のあり方が顕著に見られるようになっている（カサノヴァ　一九九四＝一九九七）。つまり、「世俗化」「脱聖化」から「再聖化」へと舵を切っているかに見えたのが、二〇世紀末の状況であったということになろう。

島薗進は、二〇〇〇年に発表した「現代宗教と公共空間――日本の状況を中心に」において、世界的な宗教の動向やこうした一連の議論を踏まえつつ、とりわけ論文の後半において、現代日本で起こっている「再聖化」の動きに注目している（島薗　二〇〇〇）。伝統宗教から新宗教へ、さらに新宗教からルックマンが「見えない宗教」として説明する私的に展開される新しい宗教性[2]へという流れを見ると、共同体的な宗教から個人参加的な宗教への変化という「宗教の私事化」の側面が目立っている。しかしそれと同時に、世俗的な原理によって成り立っていると考えられてきた宗教以外の諸制度が、近代的な自由主義や合理主義の諸前提を維持し得なくなって、宗教的な前提を含む観念や実践をそれぞれの制度のうちに取り込むようになってきている点に島薗は注意を促す。

その上で、世俗化が進んだ社会の再聖化の事例として、六つの領域を挙げている。紙数の関係もあるためここでは細かくは論じないが、それらを列挙すると〈医療〉〈介護・福祉・セラピー〉〈教育〉〈倫理的合意〉〈国家儀礼〉〈宗教制度〉で、いずれも現在、「宗教」あるいは「宗教的なもの」が公共空間に関与しつつある領域であるという。それまでは、国民国家や世俗主義があたり前のものとされ、宗教については憲法の信教の自由、政教分離の規定の枠に収まるものという認識が保たれていた。しかし

一九八〇年代以降、グローバル化の進展によって世論の多元化・葛藤が強まり、世俗的な原理だけでは立ち行かなくなって、改めて宗教的なものの関与が不可避であるという自覚や、すでに存在していた宗教的関与の再認識、あるいはそうした関与に対する拒否感の希薄化などが進んでいるという。その結果、これらの制度的領域が再聖化する可能性があり、そこまでいかなくとも、それが争点として浮上する可能性が広がっているという時代診断をおこなっている。

ここで注意をしておきたいのは、島薗は「再聖化」という表現を用いているが、この事態はけっして世俗化の傾向から宗教が社会に埋め込まれていたそれ以前の状態への逆戻りを意味してはいないということである。時間軸に照らして表現するならば、それは「プレ世俗化」(世俗化以前)の状態への回帰なのではなく、世俗化の過程を踏まえた、さらに別の段階である「ポスト世俗化」(世俗化以降)への移行として理解できよう。実際のところ、島薗も、世俗化・私事化と見えたもののなかには、宗教的なものがその活動の場を転換した事態を含んでいるとする。地域共同体に根ざした伝統的な宗教に代わって、メディアを通じて個人レベルで展開する宗教性が拡大し、それは私的領域への影響もさることながら、医療や教育といった制度内での宗教的関心の増大とも深く関わっていると指摘する。

三　本巻の構成と特色——宗教／世俗の関係性の諸相と揺らぎ

ようやく本巻で掲げた「隠される宗教、顕れる宗教」という主題について見通せるところまでたどり着いたようだ。先に、現代の「隠れ」と「顕れ」のあり方を、とりあえず「個々人の宗教的／非宗

教的な信念と社会との折り合いをめぐる諸相」と、少々堅苦しく表現しておいた。ルックマン、カサノヴァ、島薗の議論を踏まえて、それをもう少し解きほぐし、問いのかたちにすれば、次のようになるだろう。現代の日本社会における公私のさまざまな場で、「宗教」はどのような姿で私たちの生（日常生活、人生、生命など）に関わっているのだろうか。そこでの「宗教」は、かつてと同じ姿なのか、それともまったく違った姿をとるのか。そして、そうした同時代的な「宗教」の姿と、私たちはどのように向きあえるのか。

本巻に掲載した諸論文は、こうした共通の問いに対して、現代日本における社会的事象や制度、思想や言説、具体的な実践など、宗教が「隠され」、「顕れる」さまざまな現場の状況について解説し、応答を試みたものである。さらには、島薗が二〇〇〇年の段階で試みた時代診断が、その後の二〇年あまりでどのように展開したのかということについて、批判的に実証した部分もある。

以下では、本巻の構成について簡単に紹介していくこととしたい。冒頭で述べたように、本巻では、「宗教」と「世俗」との関わり方の具体相を、「政教関係」、「公共性・公益性」、そして「拡散・溶解する宗教の輪郭」という三つの着眼点から描いている。

第一部の「「政教分離」のポリティックス」では、政治との関わりから現在の宗教のあり方を考える。戦前と戦後のそれぞれの憲法体制のもとで展開された二つの異質な政教関係を「遺産」として有する日本社会において、二〇〇〇年代の政教関係はどのように展開しているのだろうか。天皇と神祇祭祀を頂点に据えた戦前の「国家神道」の体制では、仏教やキリスト教や教派神道といった諸宗教に

対して、神社神道は国民道徳としてすべての国民(臣民)の崇敬の対象とされた。戦後の日本国憲法のもとで神社神道も一つの宗教となり、政教分離原則を踏まえるべき対象となる。そうした近代日本の宗教的布置のねじれが、現在どのように「顕れ」ているのか、これがこのパートにおける一つの焦点となるだろう。

【争点1】「「国家神道」は復活しているのか?」(西村明)は、この戦前型の政教関係である「国家神道」が現在社会的に議論される場として、法律により国旗・国歌と規定された日の丸・君が代や、宗教教育の是非をめぐってどのような議論がおこなわれているかを簡単に紹介することで、各章の議論への導入としたものである。

争点に続く第1章「宗教が政治に関わるということ」で塚田穂高が議論しているのは、宗教団体の政治活動である。それは一般的に、「政教分離」という言葉からまずイメージされるものだが、靖国問題などのように「公《おおやけ》」による「宗教」への関与こそが政教問題の本筋であると塚田は指摘する。さらに、一般に誤解されがちだが、宗教団体が政治に関わること自体、禁止されているわけではない。宗教団体の側からは、宗教活動や社会参加の一環として見なされているのだという。しかも、その関わり方も教団によって多様である。塚田は、宗教が国政選挙に関わる代表例として、日本会議と創価学会―公明党を挙げる。それらを「保守合同―政治関与」型と、「政教一致―政治進出」型として類型化して、その形態にいたった経緯を説明している。そこから、創価学会―公明党のような政治進出は、むしろ例外的なものであったことが見えてくる。

第2章「召還される「国家神道」――保守政治・宗教右派・象徴天皇の交錯」において、奥山倫明

が問いの中心に据えるのは、二〇〇〇年代に特徴的な政教関係のあり方である。前半では、保守政治家の神道傾斜の具体例として伊勢神宮参拝に注目し、また神道界の政治的発言を見るために神道政治連盟に焦点を当て、どのような理念と主張によって教育基本法の改正に取り組んだかを論じている。後半では、皇室をめぐる報道や皇室制度の議論を踏まえながら、宗教右派の推進する天皇崇敬や神権的国体論に対して、明仁天皇の行動と発言に見られる象徴天皇としての方向性の異質性を指摘する。その上で、過去の「国家神道」が復活しているかのように見えるなかで、その新たな展開の可能性を見出している。これなども「プレ」への回帰ではない「ポスト」世俗的現象の一つであると言えよう。

第3章「錯綜する慰霊空間――ポスト戦後的状況のなかで」において、西村明が論じるのは、二〇〇〇年代以降の戦争死者慰霊・追悼の新たな展開である。戦前に戦死者慰霊・顕彰のための国営神社であった靖国神社は、戦後に宗教法人として再出発したのちも、国家護持やA級戦犯合祀、首相の公的参拝など社会的な争点であり続けたが、二〇〇〇年代以降においても小泉参拝が国内外から注目された。その一方で、新しい国立追悼施設をめぐる議論や、天皇・皇后の海外旧戦地への慰霊訪問、遺骨収集に対する政府の積極的取り組みなど、従来にはない展開も見られる。また、戦争体験を持つ世代が減少し、これまでとは異質なメディア・情報テクノロジーが登場することで、記憶の風化に抗する継承活動や慰霊施設、死者への意味づけにも新たな展開が認められる。

第4章「宗教判例の戦後と現在」において住家正芳が取り上げるのは、司法の場で争われた政教分離のあり方をめぐる問題である。二〇一〇年に最高裁の違憲判決が下された空知《そらち》太《ぶと》神社事件判決は、市有地に神社の設置を許可し、敷地を無償で使用させていたことを争うものであった。従来の政教分

離訴訟では、国家が宗教とかかわる際の目的と効果に照らして「相当とされる限度」を超えた場合に違憲とする目的効果基準が用いられたが、この基準が行政の宗教へのかかわり合いを許容し政教分離をなし崩しにすることが懸念されていた。これに対し、空知太神社事件では、事案の個別事情に即して柔軟に社会的な相当性が判断される「総合的な判断」がおこなわれたが、総合的な考慮や検討の具体性が目的効果基準以上に曖昧であり、必ずしも説得的ではないと住家は指摘する。

第二部の「宗教の「公益性」をめぐって」では、国政や制度など政治の場から社会的領域に目を移して、「公益性」や「公共性」を軸に、「宗教」と「世俗」社会の関わりの諸相をとらえている。まず西村が【争点2】「金儲け？　それとも無私の奉仕？」において、社会的に関心を呼ぶ諸宗教の台所事情をめぐる問題について、どのような議論が交わされているのかを簡単に紹介する。

続いて、第5章「大震災後の宗教者による社会貢献と「心のケア」の誕生」において、高橋原が中心的に扱うのは「心のケア」である。一九九五年の阪神・淡路大震災後に普及したこの言葉は、医療や心理の専門家ではないボランティアでも関われる、あるいは専門家でないからこそ関わるべき支援活動を示す曖昧な言葉であった。それが東日本大震災後になると、被災者に対する傾聴活動や犠牲者の追悼慰霊といった宗教者の営みに対しても積極的に用いられるようになっている。さらに、超高齢多死社会における看取りの現場で宗教者による「心のケア」の必要性が認識され、「臨床宗教師」などの認定資格が制度化されるにいたっている。その活動現場では、僧侶や牧師や神職といった教団的立場から布教に従事するのではなく、公共空間での「心のケア」を提供する「宗教者」としての新た

な属性・自己認識が見られると、高橋は指摘している。各宗教の固有性をいったん棚上げするこの態度は、「ポスト世俗」の社会状況において宗教が社会に関与する仕方の一つの特徴と言えるだろう。

小川有閑が、第6章「僧侶による〝脱〟社会活動――自死対策の現場から」において焦点を当てるのは、仏教の僧侶や寺院のある種の社会的取り組みであり、高橋論文ともつながりの深い主題である。二〇〇〇年代以降、若い僧侶たちによる積極的な情報発信や社会的実践が目立つようになっているが、小川が取り上げる自死念慮者・自死遺族に対する支援活動もその一つである。近年自死者の問題は大きな社会的課題だが、二〇〇七年には僧侶たちが宗派を超えて「自死・自殺に向き合う僧侶の会」を結成し(結成時は別名称)、活動している。超宗派的であることは宗派性の棚上げと言えるが、しかし追悼法要を通じた故人との交流の場は、仏教ならではのものでもある。それは遺族たちに、自死への理解に欠ける社会の目から一時的にでも解放される機会をもたらしており、宗教が社会の側のニーズに合わせた社会貢献にとどまらず、宗教特有の〝脱〟社会化の機能を担いうることが示されている。

こうした宗教の働きを組織としての制度の観点からとらえれば、宗教法人の公益性とは何かという問題になる。第7章「宗教法人の公益性――二つの法人制度の比較から」において竹内喜生は、宗教法人の「公益性」について、公益法人制度における「公益性」との比較から考察を進めている。宗教法人の税制上の優遇を説明する際、公益法人であることや、公益性が理由として挙げられることがある。宗教法人はたしかに公益法人の一種であるが、他の公益法人とは税制上は別扱いであるという。では、公益法人とも異なる宗教法人の公益性とは何か。竹内は、宗教学者の議論を中心に紹介している。一方で、時代に即応して変化する社会のニーズや社会問題に対する積極的な応答が宗教法人に求

められている。しかし、むしろ宗教法人そのものが社会の変化にさらされている現状もある。「目に見える」活動ではなく、人生に意味を与えるような宗教本来のあり方にこそ、宗教法人や宗教としての公益性が考えられることを竹内は指摘している。世俗的な国家では対応できない宗教ならではの部分を公益性として積極的に考える視点は、小川が僧侶の特色を〝脱〟社会性としてとらえたこととも呼応しているだろう。

宗教が本来的に果たすべき問題の一つとして、社会的弱者、マイノリティ（少数者）をめぐる差別への対応が挙げられよう。(3) 私的な領域としての private の語源であるラテン語の privare は、deprive（奪う、拒む）の語源でもあり、「公共的なことがらに参加する資格を奪われた状態」を意味している（鎌田 二〇一三、二八頁）。社会的に隠され、「見えない」ということはこうした弱者、マイノリティの側に立たされていることを意味する場合もある。父権制社会のもとで女性たちが置かれてきた立場や、マジョリティの性的アイデンティティや性的志向とは異なる者の問題について、宗教はどのように向きあっているのか。

第8章「日本におけるキリスト教フェミニズムとその公益性」において、ミラ・ゾンタークが取り上げるのは、キリスト教（それ自体が日本社会ではマイノリティの宗教である）におけるフェミニストの神学者たちの言説と実践である。まず、キリスト教フェミニズムの世代ごとの関心や活動の展開を概観し、彼女らが「女性の視点」を単一的にではなく多様なものとしてとらえていることを指摘する。その上で、教会内での性別役割や儀礼のあり方の見直しや、属性・地域・宗教を越境した対話と連携に取り組む様子が紹介されている。そこでは、男性中心的な言葉づかい、父権的な教義、「男性主流」

の従来型の宗教間対話、女性差別を土台とした日本の多宗教文化の「調和」などが批判的に検討されているという。

第三部「見えない宗教、見せる宗教」は、社会のなかで「拡散・溶解する宗教の輪郭」に焦点を当て、従来の宗教のかたちでは像を結ばなくなって別の姿で顕れる「宗教」の諸相をとらえようとしたものである。

まず【争点3】「宗教のメディア露出は、宗教の衰退なのか？」では、テレビ番組やインターネットへの僧侶の進出やアマゾン等での僧侶派遣、美坊主コンテストなど、従来には見られない僧侶たちのメディアへの登場や情報発信をめぐる意見を紹介し、仏教者以外のメディアとの親和性がどのように考えられているかを紹介する。

星野靖二が担当した第9章「日本文化論の中の宗教／無宗教」は、「無宗教」であるということも含めた「日本の宗教」をめぐる語りを提示し、それを文化ナショナリズムという視点からとらえようとしたものである。星野はまず、山折哲雄と阿満利麿《あまとしまろ》の議論を事例として、外からもたらされた翻訳語としての「宗教」と、そこに回収され得ない本来の「日本の宗教」という枠組みが両者に共有されていることを論ずる。そこでは、西洋あるいはキリスト教出自の「宗教」には収まらない、「日本」固有の宗教があるとする議論となっているのだという。そうした思考は、日本文化の特殊性を強調する日本文化論と親和性がある。二〇〇〇年代、特に東日本大震災以降、日本の歴史や文化や道徳の特殊性を称賛するメディアコンテンツが消費される風潮がある。そうした状況では、「日本文化」への

批判的・相対的議論でさえも、その受容の過程で著者の意図とはかけ離れた文化ナショナリズムの促進につながりかねないことに注意をうながしている。

榎本香織が、第10章「宗教の社会活動と公共放送——臨床宗教師のテレビ表出を中心に」で問題とするのは、テレビというメディアにおいて宗教のある部分がどう「見せられ」、また別の部分がどう「見えない」かということであろう。NHKの公共放送番組では、「宗教性には関心があるが宗教には関心が薄い」という日本人の意識傾向を踏まえ、宗教を正面から取り上げることは一部の宗教系番組に限定されてきた。しかし近年、社会問題に取り組む宗教の姿が特集番組などに取り上げられているという。その代表例が、第5章の高橋論文でも紹介されている臨床宗教師である。榎本は、その理由として、臨床宗教師の活動が超宗派的で公共性が高く、医療や福祉の領域に参入できたからであると分析している。他方で、そうした性格が薄い場合、メディアへの参入障壁はいまだに高いという。また、必ずしも宗教者とは限らないスピリチュアルケア師もメディアには登場しておらず、「見えない」部分をなしている。

小池靖は、第11章「心理宗教テクニックと現代日本社会」において、現代の大衆文化にまで浸透する呪術＝宗教的言説の事例として、「心理宗教テクニック」(ポビャーグ)を取り上げる。仕事や人生を意味づけ、納得するための論理に応用された心理学や心理療法の論理は、「職場スピリチュアリティ」などとも呼ばれ、現代社会に広がる「心理主義」「セラピー文化」の一つの表れである。小池は、二〇一〇年代の日本においてビジネスや教育の分野に浸透しているNLPという心理宗教テクニックについて具体的に紹介している。そこでは、「目に見えないものへの志向」という広義のスピリチュア

リティがあり、呪術＝宗教的大衆文化の現代的な表れであるという。こうした心理宗教テクニックには、先の見えない新自由主義の時代へと向きあう可能性が示されているが、主流文化に普遍的に通用する世界観を提供するにはいたっていない。現在、ＳＮＳがカウンセリング機能の一部を代替しはじめているように、心理宗教テクニックに取って代わる、より世俗的で簡易なものの登場の可能性を小池は予測している。

古澤有峰が担当する、第12章「ケア・宗教・世俗化における言説とその語り方をめぐって――何が顕れ、何が隠されるのか」は、医療に焦点を当てることで、「宗教」の輪郭の拡散・溶解がもたらす課題に向きあおうとするものである。ここまで見てきたように、宗教や宗教的なものは現在、スピリチュアリティといった表現に見られるように、さまざまなかたちをとって社会の諸領域に拡散・浸透しているが、そのことは本シリーズの執筆陣のような宗教の研究者にとっても宗教への向きあい方を困難にしている。古澤はまず分野の外から聞こえてくる疑問の声に耳を傾けながら、宗教学や死生学の研究者たちにおいても対象との距離の取り方、中立性や自律性の確保において問題はないか自己反省を促すことから議論を始める。宗教と世俗の境界線が溶解する状況下において、スピリチュアルケアワーカーや臨床宗教師などの資格制度や定義を整備しようとすれば、判断に偏りが生じる可能性がある。既存の社会的枠組みが包括的に再編成されつづける再帰的近代性の進行により、宗派間や宗教と世俗のあいだの境界線が溶解し、政治的・経済的な一極化・全体化に吸収されてしまう危険や、公的権力や市場がネオリベラリズムに基づいて宗教的な資源や人材を一方的に消費してしまう動向などについて、古澤は警鐘を鳴らしている。

以上、三つの争点と全一二章の内容について駆け足で紹介してきた。繰り返しになるが、一読してお分かりの通り、掲載の論考はいずれも相互に関連しあっており、本巻全体を通して、現在の日本社会における「宗教」と「宗教的なもの」がどのように「隠れ」、そして「顕れて」いるかという問いに向きあおうとしていることが改めてうかがえよう。

私は授業のなかでよく次の表現を用いる。「宗教は毒にもなれば薬にもなる」。「毒であるのならば、危険なので遠ざけたい。しかし、薬であるのなら、とりわけ困った時には頼りたい」といったことは、多かれ少なかれ誰でも思うことだろう。「宗教」は長い歴史のなかで、その時代時代に沿った姿でわれわれの前に「顕れ」、人類はその意味で「宗教」との長いつきあいがある。だが果たして現代の日本社会では、上手なつきあいができているのだろうか。

「宗教」と「世俗」の相互浸透状況によって、ある意味では「宗教」の薬効に再度光が当てられ、取り入れられようとしているように見える。だが他方では、「宗教」の毒性も拡散しているように思えてならない。従来一般に共有されていた「宗教」の理解(処方箋)がうまく現状にあわず、副作用を起こしていると見ることもできる。これまで「宗教」にさほど関心がなかった人々が他人事で済ませていたところでも、不意に「宗教」と遭遇しうる。そして、時にそれは「宗教」の姿をとらないかもしれない。そもそも、われわれが生きる「世俗」の社会そのものが、「宗教」を映し鏡としつつ、それを乗り越えようとして形成されてきたようなところもある。(4) だからこそ、現代を生きるための基本的なリテラシーとして「宗教」についていま一度考え、「宗教」に向きあってみるのはいかがだろうか。

注

(1) 宗教の実体的定義と機能的定義については、第1巻序論の堀江宗正の議論も参照のこと。
(2) 島薗は、欧米で「ニューエイジ」と呼ばれ、日本では「精神世界」と呼ばれるような、制度的宗教のかたちをとらないこうした宗教性を「新霊性運動―文化」と呼んでいる(島薗 一九九六、二〇〇七)。
(3) 他方で、宗教が体制側に立って、弱者やマイノリティを抑圧してきた過去や現状があることも忘れてはならない。
(4) これについては、西洋社会とイスラム社会の関係から「世俗」「世俗主義」の形成過程を論じたタラル・アサドの議論や、「ライシテ」と呼ばれるフランスの政教分離のあり方を論じた伊達聖伸の議論などを参照されたい(アサド 二〇〇三＝二〇〇六、伊達 二〇一〇)。

参考文献

アサド、タラル 二〇〇三＝二〇〇六、中村圭志訳『世俗の形成――キリスト教、イスラム、近代』みすず書房。
カサノヴァ、ホセ 一九九四＝一九九七、津城寛文訳『近代世界の公共宗教』玉川大学出版部。
鎌田康男 二〇一三、「公共性概念の再構築」『総合政策研究』(四四)。
島薗進 一九九六、『精神世界のゆくえ――現代世界と新霊性運動』東京堂出版。
島薗進 二〇〇〇、「現代社会と公共空間――日本の状況を中心に」『社会学評論』(五〇)。
島薗進 二〇〇七、『スピリチュアリティの興隆――新霊性文化とその周辺』岩波書店。
伊達聖伸 二〇一〇、『ライシテ、道徳、宗教学――もうひとつの一九世紀フランス宗教史』勁草書房。
ルックマン、トーマス 一九六七＝一九七六、赤池憲昭、ヤン・スィンゲドー訳『見えない宗教――現代宗教社会学入門』ヨルダン社。

一　「政教分離」のポリティックス

【争点1】「国家神道」は復活しているのか？

西村　明

日の丸・君が代と「国家神道」

一九九九年二月、広島県立世羅《せら》高等学校において卒業式の前日に同校の校長が自殺した。君が代斉唱や日章旗掲揚に関する文部省通達と教職員組合の主張との板挟みが一因であったとされている。

この出来事を受けて法制化を急ぐかのように、同年八月に「国旗及び国歌に関する法律（以下、国旗・国家法）」が制定され、日の丸・君が代が国旗・国歌と定められた。そののち、文部科学省（二〇〇一年の省庁再編により名称変更）では、各都道府県と指定都市の教育委員会に対し、学習指導要領に基づく国旗と国歌に関する「適切な指導」の徹底をもとめ、自治体ごとの実施状況について公表した。多くが一〇〇％の実施率のなかで、未実施の箇所が目立つかっこうとなった。

そうしたことが、さらなる徹底をはかる効果を持ったのだろう、各地で起立斉唱やピアノ伴奏を求める校長の職務命令と、それを拒否した教職員に対する処分などをめぐって、違憲訴訟が起こされた。

違憲訴訟の原告たちが起立や斉唱などを拒否した背景には、こうした学校行事における日の丸掲揚・君が代斉唱が、「国家神道」につながるものであるという認識がある。

例えば、「国歌斉唱義務不存在確認等請求事件」という訴訟がある。これには次のような経緯があった。二〇〇三年に東京都の教育長が都立高校や都立盲・ろう・養護学校（以下、都立学校）の各校長に

「入学式、卒業式等における国旗掲揚及び国歌斉唱の実施について」という通達を出した。そこでは、教職員が通達にもとづく校長の職務命令に従わない場合は服務上の責任を問われることを周知し、適正な実施が求められていた。翌年、これを強制とする教職員たちが原告となり、思想・良心の自由、信教の自由、表現の自由、教育の自由などを侵害するものと主張して、起立・斉唱・伴奏が義務でないことの確認や、これらの義務違反を理由とする処分を事前に差し止めることなどを求めた(1)。

原告らの主張によれば、日の丸・君が代は歴史上「国家神道」と密接に結びついており、宗教的価値観と不可分の関係にあるとされる。君が代を尊重することは、天皇を尊敬するということであり、天皇を尊敬することは神道を信仰するということにほかならないともされた。

それに対し被告らは、日の丸・君が代は、国旗・国歌法により国旗・国歌と規定されており、日本国憲法下においては「国家神道」ほか何らかの宗教的価値観と結びつくものではないとした。また、国旗・国歌の尊重は、国の象徴として尊重するということにほかならないと主張している。

両者の認識と主張には二重のズレがある。一つには、戦前と戦後の連続性の点で、もう一つは、国家神道や宗教的価値観をめぐる認識である。被告たちの側から見れば、原告たちに対して、おそらく次のような疑問を持っているに違いない。すなわち、戦時期のように靖国神社などへの集団参拝などがおこなわれているわけではなく、他国と同様に国旗を掲揚し、国歌を歌うことが「国家神道」であると言えるのだろうか？　これは「国家神道」の復活なのか？

たしかに靖国神社をめぐっては、戦後も国家護持法案や首相の参拝をめぐる動向を踏まえて国家神道の問題が持続・復活しているという議論が行われてきた。二〇〇〇年代に議論となっているのは、そう

した国家神道問題の典型と見なされる「靖国神社問題」だけではないことから、より複雑な様相を呈しているると言える。(2)

「国家神道」の二つの定義

そうした問いを踏まえ、論点をより明確にするために、ここで宗教研究の分野における「国家神道」をめぐる議論を簡単に紹介しておきたい。

出発点としてまず押さえるべきは、戦前には「国家神道」という語はほとんど用いられず、日本の敗戦後にGHQ（連合国軍総司令部）の占領政策の下で新たに登場したものであるということである。一九四五年一二月一五日に出されたいわゆる「神道指令」では、「神道」の教理と信仰を歪曲して日本国民を欺き、侵略戦争へ誘導するために意図された軍国主義や過激な国家主義の宣伝に利用することの再発防止が一つの狙いであった。ここで「神道」と呼ばれているものは、戦前において、宗教的な神道（教派神道）から区別されていた「国家神道あるいは神社神道」のことであり、非宗教的な国家的祭祀としての神道の一派であるという理解であった。その上で、こうした「神道」の行政への関与を除去し、「神道」の教義・慣例・儀礼などにおいて軍国主義や過激な国家主義の宣伝を禁止するものとした。

GHQの示した「国家神道」概念に対し、その後の研究では大きく二つの「国家神道」像をめぐる研究の流れが生じた。すなわち、一方では「国家神道」を神社神道に限定せず、皇室祭祀や天皇崇敬、皇道や国体の理念などを含めて「広義の国家神道」をとらえようとする村上重良《しげよし》や島薗進などの理解がある。他方でGHQ的な「狭義の国家神道」概念を踏襲しながら、神社界と国家との関わりが実際にはど

の程度のものであったのかを法制度的に解明しようとする葦津珍彦《あしづうずひこ》や阪本是丸《これまる》らの研究が存在する（村上 一九七〇など、島薗 二〇一〇、葦津 一九八七、阪本 一九九四など）。

それぞれの研究動向において、各論者の研究の狙いや学問的手続きが必ずしも同じというわけではないものの、前者の「広義の国家神道」論が、戦前の国家体制そのものの宗教性の解明に軸足を置いているのに対して、後者の「狭義の国家神道」論では、戦前に宗教ではないもの（非宗教）として、教派神道や仏教やキリスト教からは一線を画していた神社神道が、どれほどの影響力を国家体制に及ぼしえたのかの解明に軸足を置いていると言える。したがって、両者は一見論争的であるかに見えつつ、同じ言葉で別の現象をとらえようとしているだけにも見える。そのような点から、「広義の国家神道」論がとらえようとする領域を別の用語で議論すべきという主張もある（羽賀 一九九四、新田 一九九七）。

実際、概念規定の拡大適用（広義）や限定（狭義）の方向性そのものが相互に批判の対象ともなっており、いずれの概念規定に立って論を進めるかということ自体が議論の態度表明となっているようにも見える。そうした姿勢の違いは、先に見た日の丸・君が代をめぐる原告らと被告らの認識のズレにも通じるだろう。したがって、ここでは「国家神道」という概念そのものが、広くにも狭くにも容易にスライドしてしまう性質を備えたものとして理解しておく。その上で、日の丸・君が代以外において、二〇〇〇年代以降に「国家神道」がどのように問題化されているかを見てみる。

宗教教育の是非

日の丸・君が代が問題とされたのは、公教育の現場であった。島薗進は「広義の国家神道」をとらえ

る際に、国民行事やマスメディアとともに学校に注目した(島薗 二〇一〇、ⅲ頁)。そこでは、君が代斉唱は天長節や御真影・教育勅語の奉安などとともに天皇や皇室の崇敬に関わるものであったが、戦前の公教育の現場は同時に、教育勅語の理念にもとづく修身教育や歴史教育が国体論・皇道論の「教」化に役立つものと見なされた。二〇〇〇年代に入ってもなお、天皇崇敬に関わるものとして日の丸・君が代が問題化されたのだとすれば、後者の「教」化をめぐっても「国家神道」が問題とされているのだろうか。

二〇〇六年に改正された教育基本法の審議において、「宗教教育」の一つとして「宗教的情操教育」を加えるかどうかが検討された。一般に宗教教育は、宗教的情操教育の他に、宗派教育と宗教知識教育に分類される。公立学校では特定宗教にもとづく宗派教育は禁止され、広く宗教に関する知識や情報を享受する宗教知識教育は問題ないとされている。それらに対し、宗教的情操教育については、特定宗教にもとづくものであるかどうかの意見が分かれる。特定宗教にもとづかない宗教的情操教育の可能性に懐疑的な論者のなかには、国家神道への回帰を危惧するものも多い(深谷 二〇〇五、野田 二〇〇八)。

先の教育基本法改正においては、結局「宗教に関する一般的な教養」の文言にとどまり、「宗教的情操教育」は採用されなかった。しかし、公教育における「国家神道」的要素の介入ととらえられる事態は別の形でも進んでいる。それは、教科書検定と各教育委員会における採択をめぐる動向に見られる。

一九九六年に、日本人としての誇りや自信の育成を目的とした「新しい歴史教科書をつくる会」が発足し、二〇〇一年に、同会の『新しい歴史教科書』と『新しい公民教科書』(扶桑社刊、のちに自由社刊)が文部科学省の教科書検定に合格して以降、愛媛県や東京都、杉並区や横浜市などの教育委員会におい

て採択の動きがあった。また、二〇〇七年に内部分裂して脱退したグループで「改正教育基本法に基づく教科書改善を進める有識者の会」が組織され、『新しい日本の歴史』『新しいみんなの公民』(育鵬社刊)を出版し、こちらを採択する教育委員会も現れた。こうした「つくる会」系教科書の採択をめぐって愛国心教育の強要として批判する動きも起こっている。島薗も「一九九〇年代の「新しい歴史教科書をつくる会」や近年のネット右翼などは、一見、宗教的とは見えない政治的ナショナリズムが前面に出ていますが、それらを下支えしているものは、天皇崇敬と国体論を核とする戦前の国家神道という枠組みではないか」と述べる(中島・島薗 二〇一六、一七二頁)。

そして教育における「国家神道」の争点は、二〇一〇年代後半には歴史や公民から道徳へと議論の中心が移ってきている。すなわち、それまで小学校や中学校において教科外活動とされていた道徳が、二〇一五年の学習指導要領の一部改正により、「特別の教科」へと格上げされ、検定教科書を用いて成績評価されることとなった。移行措置を経て、小学校では二〇一八年度から、中学校では翌一九年度から完全実施されつつある。この動きの発端は、二〇一一年に大津市で起こった中学二年生のいじめを苦とした自殺であるとされるが、教育勅語の再評価を含む愛国心教育や、政治的価値観の強制につながるのではないかという懸念も広がっている。

「国家神道」は復活しているのか?

こうした教育現場では、結局のところ「国家神道」は復活しているのだろうか。これまで見てきたように、国家神道の「復活」を懸念する論者たちの議論を理解するためには、「復活」しているかどうか

を問題とする前に、何をもって「国家神道」と見なしているのかに留意する必要がある。そして同時に、それを「国家神道」と見なさない論者が、何を推進しようとしているのかについても注視する必要がある。すなわち、「復活」をめぐる問いに先立って、「国家神道」の概念によって一方が何を批判的にとらえようとし、他方がそれとは別の名目のもとに進めているものの内実が何なのかということのズレを確認することこそ、議論の出発点となるだろう。

注

（1）　地裁判決は原告の主張を認めたが、最終的に最高裁判決では職務命令は合憲であるという判断がなされた。こうした訴訟は他でも起こされており、処分の軽重をめぐっては原告の主張を認める判決も出されたが、起立などの命令そのものについては合憲とする判決が続いた。その合憲判断を受けるかのように、二〇一一年には大阪府と大阪市が国旗国歌条例を制定し、公立小中高校の教職員を対象に斉唱時の起立を義務付けた。翌年には同じ職務命令に三回違反すると分限免職（民間企業の「解雇」相当で、職務遂行に支障のある公務員として免職すること）とする職員基本条例も制定した。

（2）　靖国神社を含む二〇〇〇年代の戦争死者慰霊については、本書第3章「錯綜する慰霊空間」も参照。また、靖国神社問題については、以下も参照のこと（赤澤 二〇〇五、高橋 二〇〇五、三土 二〇〇五）。

参考文献

赤澤史朗 二〇〇五、『靖国神社――せめぎあう〈戦没者追悼〉のゆくえ』岩波書店（二〇一七年に『靖国神社――「殉国」と「平和」をめぐる戦後史』として増補・文庫化〔岩波現代文庫〕）。
葦津珍彦（阪本是丸註） 一九八七、『国家神道とは何だったのか』神社新報社（二〇〇六年に新版として再

版)。
阪本是丸 一九九四、『国家神道形成過程の研究』岩波書店。
島薗進 二〇一〇、『国家神道と日本人』岩波新書。
高橋哲哉 二〇〇五、『靖国問題』ちくま新書。
中島岳志・島薗進 二〇一六、『愛国と信仰の構造——全体主義はよみがえるのか』集英社新書。
新田均 一九九七、『近代政教関係の基礎的研究』大明堂。
野田正彰 二〇〇八、「国家が宗教的情操を語り始めるとき」洗建・田中滋編、京都仏教会監修『国家と宗教——宗教から見る近現代日本 下』法藏館。
羽賀祥二 一九九四、『明治維新と宗教』筑摩書房。
深谷潤 二〇〇五、「宗教的情操教育の課題と道徳教育」『西南学院大学 教育・福祉論集』第四巻第二号、西南学院大学。
三土修平 二〇〇五、『靖国問題の原点』日本評論社。
村上重良 一九七〇、『国家神道』岩波新書。

第1章　宗教が政治に関わるということ

塚田穂高

安倍政権・自公政権の長期化に伴い、それを支える創価学会——公明党に対する従来の延長線上にある関心に加え、さまざまな宗教団体が参画する国内最大の保守・右派合同運動とされる日本《にっぽん》会議への注目が著しいものとなった。あらためて、戦後〜現代日本社会において、「宗教が政治に関わる」とはどういうことなのか、考える必要があるだろう。

本章ではまず、戦後〜現代日本における宗教の政治への関わりについて、制度的・社会認識的・法解釈的前提を概観する。次に、宗教団体にとっての政治活動の位置づけを検討する。続いて、宗教団体の政治活動のタイプを示し、そのなかで前述の日本会議ならびに創価学会——公明党の事例を位置づける(1)。これらの議論を通じ、宗教と政治の関わりについてのさまざまな「誤解」を解きほぐすことができれば、と思う。

一　「宗教と政治」の基本的枠組と政教問題の分布

「宗教と政治」と言えば、「宗教団体が政治とりわけ選挙に関わること」だと多くが思ってしまうか

もしれない。だがそれは、ある一面にすぎない。
戦後日本における「宗教と政治」――政教関係の基本的枠組として、日本国憲法の第二〇条と第八九条を確認しておく(2)。

第二〇条一項：信教の自由は、何人に対してもこれを保障する。いかなる宗教団体も、国から特権を受け、又は政治上の権力を行使してはならない。
同二項：何人も、宗教上の行為、祝典、儀式又は行事に参加することを強制されない。
同三項：国及びその機関は、宗教教育その他いかなる宗教的活動もしてはならない。
第八九条：公金その他の公の財産は、宗教上の組織若しくは団体の使用、便益若しくは維持のため、又は公の支配に属しない慈善、教育若しくは博愛の事業に対し、これを支出し、又はその利用に供してはならない。

条文中にその文言自体はないが、これが「政教分離」原則として一般的に理解されている。これらが戦後において新憲法のなかに盛り込まれたのは、端的に言えば戦前「国家神道」体制の反省からである。すなわち戦前は国家と「宗教ではない」とされた神社神道とが特別な結びつきを持ち、国から特権を受け、政治的な力を有し、儀式等の強制があり、教育等の活動がなされ、公金や公の財産が供されていたため、それを禁じているわけだ。
こうして急にもたらされた「政教分離」が、ただちに人びとに浸透したわけではない。敗戦は大きな衝撃だったが、戦後も戦前と変わらない心情を持ち行為を続けるような人びとはあったろう。その

齟齬が、戦後社会でさまざまなかたちで顕在化していった――戦後日本の政教問題とはそうした構図と背景のうちに考えられる。それらは多岐にわたるものの、①靖国問題、②種々の政教分離訴訟、③宗教教育、④宗教団体の政治活動、などとまとめることができよう。

①靖国問題は戦前の国家の慰霊・顕彰施設が、戦後には一宗教法人となったことが淵源の問題、②種々の政教分離訴訟は地鎮祭や忠魂碑、靖国や護国神社への関わりなど、戦前より「伝統」「習俗」「あたりまえ」と考えられてきたものの戦後社会における妥当性が問われた問題、③宗教教育は公教育で禁止されているなかで宗教に関する知識や宗教的情操についてどのようなかたちと内容での教育が可能かという問題、と要約できる。すなわち、①~③の問題にはいずれも、「公」――国や自治体などが「宗教」にどう関わりうるか、どこまでが関われる「宗教」かという共通の構図があり、憲法の制定経緯からしても政教問題の本筋であることがわかる。

他方、本章が論じる④宗教団体の政治活動の問題とは、ずいぶんと異質であることに気づく。これは、社会のなかのそれぞれの宗教運動がどう公的な政治領域に関わるかという問題であり、方向性が異なるのである。ここが本章の出発点になる。

二　忌避される宗教団体の政治活動

「宗教団体の政治活動」とは政教問題の本筋ではない、と言ったところで、それでも多くの人びとが「政教分離」「政治と宗教の問題」などと言われたときにまず思い浮かべるのは、これだろう。で

は、その社会的評価・認識はどうか。一言で言えば、「忌避」となるだろう。データを見る。

一九九九年実施の一三四五人有効回答の世論調査（石井 二〇〇七）では、「宗教団体が選挙で政党や候補者を支持・推薦したりすることがあるが、どう思うか」との設問に対し、多い順で「選挙に関わることは好ましくない」三五・二%、「特定政党を支持することは好ましくない」二七・〇%である。

大学生対象の二〇一五年の調査（五七七三人）でも、「特定の宗教団体が特定の政党を支持するのはよくない」かを問う設問に対し、「そう思う」四七・九%、「どちらかといえばそう思う」二九・九%であった（國學院大學日本文化研究所編 二〇一七）。

「第三回「宗教団体の社会貢献活動に関する調査」」（二〇一六年庭野平和財団実施・一一八五の有効回答）でも、「宗教団体が行う活動として、どのような活動を期待しますか」（複数回答可）との設問に、一番多い「平和の増進に関する活動」三六・八%に対し、「政治への積極的な参加や発言」は四・〇%と、用意された一〇の選択肢のうちでは最少だった。

なぜ、これほどまでに忌避されているのだろうか。直接的に答えうるデータはないが、別の設問への回答や筆者が大学授業で出会った学生の反応などを総合して推測してみる。前述の学生調査では「宗教を信じると、心のよりどころができる」の肯定的回答が約五五%と「宗教は個人の心の問題」と見る向きは強く、社会貢献調査では「期待する活動はない」二八%と「宗教はあまり社会に出るべきではない」という視線も強い。それが「とりわけ政治活動には」とつながって意識されているのではないか。「信仰者が政治に関わると、特定の価値観のみに基づいた政治が行われそう」といったイメージや、実際に自分や家族などが信者からの選挙活動を受けたり、それについて聞いたりしたとい

う体験もよく見聞きされるものである。戦後史のなかで形成されてきた認識だと言えよう。

三　宗教団体の政治活動の法的解釈と論点

それほどまでに忌避される宗教団体の政治活動だが、それでも現実には数多くの宗教団体がさまざまなかたちで関わっている。そうすると当然、疑問が涌いてくる。法的に問題がないのか、憲法の「政教分離」に反しないのか。とりわけ、第二〇条一項後段の「宗教団体」の「政治上の権力」行使の禁止文言からは、宗教団体が政治活動を行い、選挙の結果、議員として活動すること自体を禁止しているかのように思えてしまう。

だが、原則的にそれは「誤解」である。憲法制定時に金森徳次郎国務大臣は、「宗敎團體其のものが政黨に加はると云ふことがあり得るかどうかは遽かに斷言出來ませぬけれども、政黨として其の關係者が政治上の行動をすると云ふことを禁止する趣旨ではございませぬ」と答弁した(一九四六年七月一六日、第九〇回帝国議会衆議院帝国憲法改正案委員会)。この見解は歴代の内閣法制局によって引き継がれてきた。憲法の政教分離規定は、宗教団体による政治活動を排除していないというのが、今日まで踏襲されている国の見解である[3]。宗教団体・宗教者には、他の特定の主義・主張に基づいた、あるいは特定の業界団体等によるのと同じように政治活動の自由が認められているのであり、その関わりはあくまで選挙結果などの民意に委ねられているのだ。

よって、「政教分離違反では」というレトリックは、宗教団体の政治活動への忌避感を煽るもので

はあっても、実質的な意味はほぼない。対立的な政治的立場を批判するのに、「実は背後に宗教が」とか「政教分離違反の疑いが」などと繰り返す次元からわれわれは脱する必要があろう。

と同時に、それなら宗教団体の政治活動を全て手放しで認容・歓迎してよいのか、ということも複数の論点から考える必要がある。

思想・信教の自由は大前提だが、その政治的行動が独善的・排他的な理想や思考に立脚していないか、排外主義や陰謀論、歴史修正主義などと結託していないかは、その運動の外からも問われてしかるべきだろう。

また、「宗教活動」によって非課税・税減免で集められた資金や建てられた施設等が、そのまま「政治活動」に利用されてよいかといった点もある。あるいは、「よりよい社会」を目指す政治活動に使われる資金を集めるのに、宗教的・霊的な威迫が伴っているような場合は論外である。

さらには、宗教団体の方針に信者が盲従を強いられていないか、という点も重要だ。宗教団体の政治活動が自由であるのなら、その宗教団体の成員個々の思想・信条や政治活動も自由なはずである。

四　宗教団体における政治活動の位置づけ

ここまで「宗教団体の政治活動」と何度も記してきた。だが、この表記自体に、前節の「誤解」にもつながるような「宗教が別領域である政治に関わるなんて」といったニュアンスが入り込みかねない点には注意が必要だ。では、当の宗教運動にとって政治活動とはどのような位置づけにあるのか。

結論先取的にそれを二点にまとめるなら、（濃淡はあるが）宗教団体にとっての政治活動とは、宗教活動・救済活動であるということと、社会活動・社会参加の一側面であるということだ。

宗教団体といっても歴史と背景によって運動形態がさまざまなため、ここではその運動特性が比較的つかみやすく、戦後日本社会における政治活動への積極的関わりという点からも新宗教運動のケースを念頭に論を進めたい。

日本の新宗教運動の共通特徴として、信者が積極的に布教をするという点がある。その背景には、自らの抱えるさまざまな問題状況から救われたいとする動機（現世利益）と、多くの他者を救いたいという利他主義・行為との間をつなぐ教えの構造がある。そしてそれが、自分―家族―近隣・地域等―国家―世界といったような積み上げ式に現世社会へ働きかけるかたちで実践され、「世界平和」「人類救済」などの究極的目標と理想世界実現に向かわせる。教団とその信者にとって宗教活動・救済活動とは、自分ひとりや家族だけ、個人の心の問題だけに留まるものではない、社会性を持った実践なのである。ここに、自教団の教えと理想に適ったよりよい方向に社会を改良していこうという社会活動、ひいては政治活動への接続性を看取できる。なお、こうした社会改良の志向性自体は、戦後の神社界、仏教界、キリスト教界においても力点のちがいを持ちながらも同様に見られるものである[4]。

こうした当事者認識を踏まえると、「宗教」と「政治」を別領域とみなして疑わない近代社会がもたらしたカテゴライズの仕方の方が、むしろ再考を迫られるのかもしれない。

もう少し、別の角度から考えてみよう。オウム真理教事件以後、とりわけ二〇〇〇年代中盤以降、宗教界ならびに学界では、「宗教の社会貢献」がホットなテーマとなっている。また、公益法人たる

宗教法人の社会性という観点から、「宗教の公益性」についても論じられている。ところが、「宗教の社会貢献活動」を視る際には、ボランティアやケア活動、震災復興支援などへの注目は著しいものの、「政治活動」が含まれることはほぼない(他方で「平和運動」は含まれる)。「宗教団体の政治活動」は「社会貢献活動」ではないのか、とあえて問うてみてもよいだろう。

より近年では、宗教の公共性、公共空間における宗教のあり方にも注目が集まっている。前述のように、宗教活動と政治活動との間には連続性がある。「もっと社会参加を、でも政治には関わるな」では御都合主義であるし、「宗教は個人の心の問題や死の問題にもっぱら向き合うべき、社会には出てくるな」も通用しない。宗教団体の政治活動を、宗教と社会のインターフェイス、「宗教の社会参加」の一側面として見る視点が重要である。

五　宗教団体の政治活動の型

宗教団体の政治活動が社会参加の一つであるなら、問われるべきはその内容やあり方となる。実際に、その現れ方も多様である。教えのなかであるべき世界・社会・日本観を示すこと、それに基づく情報発信・出版活動なども広い意味ではそうである。さまざまな社会問題に対して声明を出したり、署名活動をすることもある。反戦・平和・核廃絶運動などのかたちを取ることもあれば、特定の場所・時間・形式で戦没者慰霊を行うことなども含まれうるだろう。

このようにさまざまではあるが、ここではもっともわかりやすく、社会的関心も高いであろう、政

党・政治家や（主に国政）選挙との関わりに主眼を置きたい。本章では、戦後日本の宗教運動による国政選挙を中心とした政治活動のタイプとして、「政治関与」型と「政治進出」型とに大別することを提案する。(5)

「政治関与」とは、既存の政党や政治家を当該運動全体で推薦・支持し、選挙でも組織的に支援して関わること、とする。このタイプはさらに、戦前体制や伝統との連続性を有した「正統」的宗教ナショナリズムを基軸に、既存の政党や政治家をさまざまな団体が協同して支援して関わる「保守合同―政治関与」型と、戦後民主主義を機軸に（従来は自民党の）比較的リベラルな部分と結び付いて信教の自由の堅守、平和実現などを訴えてきた「自由・平和協調―政治関与」型に分けることができる。前者については次節で論じるが、後者の例としては、仏教系新宗教の立正佼成会や、その関わりも大きい新日本宗教団体連合会（新宗連）などが挙げられる。重要な動きで、歴史もあるが、現時点では組織的な支援・関与の度合が強いとは言えないため、本章では詳述を省略する。

「政治進出」とは、当該運動が自前の政治団体を結成し、自運動の信徒会員を主に国政選挙の候補者として複数擁立して関わることである。このタイプはいずれも独自の宗教的ナショナリズムやユートピア観の政治的実現を目標とするため、「政教一致―政治進出」型として論じる。

六　「保守合同―政治関与」型――プラットフォームとしての日本会議

宗教団体の政治活動というと創価学会―公明党の事例のイメージが強いなか、それと対照をなして

きた「保守合同—政治関与」型の特徴を理解しておく意義は大きい。目下、注目が集まる「日本会議」の例からひもといていこう。

日本会議は、一九九七年に「日本を守る会」と「日本を守る国民会議」とが合流してできた「国を愛する新しい国民運動ネットワーク」を称する任意団体だ。会員数は四万人程度、自民党を中心に三〇〇人近くが所属する国会議員懇談会や、地方議員連盟などもある。

基本運動方針としては、「国民統合の象徴である皇室を尊び、国民同胞感を涵養する」という皇室崇敬を筆頭に、「国柄」に基づく新憲法の制定、伝統性重視の「祖国への誇りと愛情を持った青少年を育成する」教育、防衛力の整備などを謳っている。

こうした理念に基づき、署名活動、デモ・街宣活動、講演会・大会等の開催、関連団体の設立や連携、文化人やメディアとの協力といった粘り強い市民運動を行ってきた。自認する成果としては、国旗国歌法制定(一九九九年)、教育基本法改正(二〇〇六年)などがある。目下の目標は改憲だと言え、数年で一〇〇〇万人超の署名を集めている。

日本会議自体は「宗教団体」ではない。数多くの宗教団体の「保守合同—政治関与」を可能とする草の根保守・右派運動の「プラットフォーム」として捉えるべきである。役員名簿では、まずは神社界関係が目立つ。役員の四割超が宗教団体・修養団体の関係者である。神社本庁・伊勢神宮・神道政治連盟・明治神宮・靖国神社・熱田神宮・佛所護念会教団・念法眞教・モラロジー研究所・倫理研究所・新生佛教教団・解脱会・大和教団・オイスカインターナショナル・東京都神社庁・崇教真光・比叡山延暦寺など、実に多様で、神道系とまとめられるものでもない。

なぜこのような合同・協同が可能なのだろうか。これらの諸団体の世界観やナショナリズム、ユートピア観が必ずしも全く一致しているわけではない。皇室崇敬、伝統重視、愛国心、反共、道徳、靖国、家族など多数の項目のうちから、共感・相乗り・協働できる部分があればよいのである。背景は異なっても公約数的に価値観や理想を共有できる部分がある諸団体・人びとがすでにおり、それを政治の場で実現してくれそうな既成政党・政治家がいる。こうしたなかでは教団単独での政治進出という選択肢は非現実的となる。

具体的な政党・政治家支援についてはどうだろう。日本会議の団体候補と言えるのは、参院選比例で二候補程度、集める票数は各二〇万票ほどだ。自民党を中心とした国会議員懇談会の候補者の支援もあろうが、これも団体によって関わりのグラデーションがある。各運動・団体の勢力の総和とはならないのである。よって、次節の創価学会―公明党のケースとはかなり様相が異なるのであり、「宗教団体という大票田が」というイメージとはかなりの懸隔がある。

こうした協働の場はどのように準備されてきたのだろうか。日本会議の前身の一つである「日本を守る会」は、一九七四年に宗教団体や修養団体などが集まって結成された。伝統的精神の重視、愛国心高揚、偏向教育の排除、反共など運動方針はほぼ同じである。

なお、一九七六年には「英霊にこたえる会」が結成された。靖国国家護持法案が頓挫し、靖国の公共性を復活させる新たな方途が模索された時期である。ここにもいくつもの宗教団体が参集した。

こうした日本会議前史から現在までの流れにおいて、継続的かつ重要な役割を果たしてきたのが、神社本庁(≒神社界)と生長の家である。

戦前、「宗教」ではなく「国家ノ宗祀」(国家儀礼)としての性格を強く有していた神社神道は、戦後に「宗教」として再出発した。宗教法人神社本庁は、約七万九〇〇〇の神社を包括し、「教師」約二万二〇〇〇人、「信者」約七四六一万人を公称する(二〇一六年末、文化庁発表)。

神社界が、長年政治活動に関わってきたことは事実だ(ルオフ 二〇〇三(二〇〇一))。一九六九年には、神道政治連盟(神政連)が結成された。その国会議員懇談会には現在、自民党を中心に衆参二九四議員が所属する。神社界の政治活動の成果としては、紀元節復活、元号法制化、国旗国歌法制定、昭和の日制定などが挙げられるが、多くは日本会議などの成果とも重複している。

神社神道は見えやすく、日本会議の要職など、「最前列」に位置してきた「宗教」である。ただし、新宗教のような大衆的基盤に支えられた「布教する宗教」ではない。その意味で、教師≒神職数は実態通りとしても、「信者」数はそうではなく、氏子≒地域住民などの数を各神社が自己申告したものの総和である。選挙との関わりでも、神社界からの独自候補は参院選で一人程度である。「安倍政権・自民党政権を神道の信者七四〇〇万が支えている」と批判したところで、自らも知らずに数えられている数字かもしれない。その点で、アメリカのキリスト教右派に対応させるような見方は雑である。

生長の家は、一九三〇年立教の新宗教である。戦後、宗教活動の再開とともに社会活動・政治活動を開始し、現行憲法無効・帝国憲法復元などを掲げた。一九六四年、生長の家政治連合(生政連)が結成され、独自候補を立てて自民党を通じて国政に送り込んだ。この間、五〇年代からの紀元節復活、六〇年代の日の丸掲揚、七〇年代の元号法制化などの諸運動の基盤となった。だが、さまざまな軋轢などから一九八三年に政治活動を停止した。

こうした政治活動と並行して展開していったのが、民族派学生運動の流れである（菅野 二〇一六ほか）。生政連結成後の一九六六年、生長の家学生会全国総連合（生学連）が組織された。一九六九年には、全国学生自治体連絡協議会（全国学協、鈴木邦男委員長）が結成されたが、これも生学連が主体となった。元々は、長崎大学の安東巌（後に、全国学協書記長、生長の家青年会副会長・政治局政治部長）・椛島《かばしま》有三らによる学園紛争内運動を契機とし、合同化して全国組織になっていったものだ。一九七〇年には、全国学協ＯＢにより、日本青年協議会（後に衛藤晟一委員長、椛島有三書記長、伊藤哲夫政策部長）が結成された。この流れは、教団の政治撤退後も継続され、さまざまな人材を輩出した。椛島は、日本を守る国民会議の事務局長を経て、日本会議の事務総長となった。一九八四年には、政策シンクタンク・日本政策研究センターが創設されたが、安倍首相のブレーンの一人と目されるその代表の伊藤哲夫は、生長の家の中央教育宣伝部長でもあった。

特定教団色を脱色しつつ、広く協働できる場の構築とアジェンダ設定をし、地道な活動を展開するという運動スタイルは、コア層が六〇年代中盤以来続けてきたものということになる。「保守合同―政治関与」という型は、こうしたプラットフォームの提供、共有できる価値観の凝集性、各宗教団体の実質的規模や事情が絡み合って成立するところのものである。

七　「政教一致―政治進出」型――最大かつ例外、そして変貌する創価学会―公明党

宗教団体の政治活動と言えばただちに創価学会―公明党のことが念頭に浮かぶのは、衆議院議員二

九人・参議院議員二五人・地方議員二九三九人(二〇一八年七月)の国政第四党かつ連立政権与党であることを考えれば仕方のないことである。だが、少し立ち止まってみてほしい。創価学会―公明党の例は、代表ないし典型例と言えるのか。

異なる型があることは、すでに前節で見た。では、独自の政治進出をなす型としては、どうなのか。戦後〜現代日本社会のなかでの他の例としては、浄霊(手かざし)儀礼を普及し「地上天国」という理想社会を目指した浄霊医術普及会=世界浄霊会、ハルマゲドン(世界最終戦争)回避と理想社会シャンバラ化を目指したオウム真理教=真理党、化粧品会社から始まり「新しい女性の時代」を実現するため宗教・政治へと進んだアイスター=和豊帯の会=女性党、ユートピア建設と仏法真理に基づいた政治の実現を目指した幸福の科学=幸福実現党などがある(塚田 二〇一五)。これらに共通なのは、それぞれの教えないし指導者の思想に基づいた実質的な「政教一致」を目指す独自のナショナリズム(強弱ではない)とユートピア観があった点である。よってその独自性ゆえに、他の宗教団体などと連携するべくもなく、既存の政党や政治家に託すこともできないため、独自の「政治進出」の道を取らざるをえないわけである。

だが、これらの事例に比して、創価学会―公明党の場合は例外的だという面も同時にある。その軌跡を見てみよう(中野 二〇〇三)。

創価学会の創立は一九三〇年、日蓮系仏教の一宗派・日蓮正宗の在家信徒団体をルーツとし(現在は独立)、他の日本の新宗教に比して真理の独占意識・他宗(神社神道を含む)排撃性を強く持つ。それゆえに戦前は治安維持法違反・不敬罪容疑で国家弾圧を受け、初代会長の牧口常三郎は獄中死した。

戦後、二代会長となる戸田城聖が再建し、高度経済成長期に地方を離れて都市に流入した人びとに新たな同信コミュニティを提供するかたちで国内最大級にまで伸張していった。

そうした急成長のなかで、政治進出がなされていった。その動機は、「われらが政治に関心をもつゆえんは、三大秘法の南無妙法蓮華経の広宣流布にある。すなわち、国立戒壇（僧に戒を授ける場）の建立だけが目的なのである」（『大白蓮華』六三号、一九五六年八月）とあるように、王法（政治）と仏法の一致、宗教的理想の実現のためであった。文字通りの「政教一致―政治進出」型と言える。

一九五四年の文化部設置を始点に、翌年の地方選挙では早くも当選者を出した。一九五六年の初挑戦の参院選でも六人中三人が当選した。一九六四年には「公明党」が結成され、衆院選にも進出していった。新宗教のなかでも最大級の強固な組織基盤の存在ゆえ、次々と「成功」をおさめていった（最大で衆参八〇超の議席）。

学会員にとっての選挙活動は、戸田城聖が選挙は「信心をしめるために使える」と述べた組織上の効能面もあるが、「功徳」「信仰心の証し」といった意味づけの下に宗教活動のなかに組み込まれ、大きな位置を占めていることがポイントである。まさに宗教活動と政治活動が未分化な、一つの極を示していると言え、この構図は今日まで基本的に変わらないと言ってよいだろう。

だが、こうした急成長と先鋭性、「政教一致」性は、社会からの批判を強く呼び込み、一九六九年には「言論出版妨害事件」が起こったことで、軌道修正に至った。「国立戒壇」「王仏冥合《おうぶつみょうごう》」などの考えは放棄され、教団と政党の組織的・役職的分化も行われ、大衆福祉路線へと転換していった。

九〇年代、政界再編のなかで、一九九三年の細川連立政権で初めて与党となった。翌年には新進党

に合流し、躍進の原動力となり、自民党を脅かした。その後、再結成を経て、一九九九年の自自公連立政権に参加。以後、二〇〇九年まで、そして二〇一二年以降現在に至るまで自民党との連立政権与党の位置にある。

「政教一致」の表向きの放棄以降、そして自民党との妥協的な連立政権維持に至るまでの創価学会—公明党の変貌をどう捉えたらよいのか、は複雑な問題である(中野 二〇一六、薬師寺 二〇一六)。選挙戦略的には、一小選挙区あたり創価学会—公明党の票は平均二万票以上あるとされるため、自民党小選挙区の多くを下支えする代わりに、ある程度の規模の小選挙区と、「比例は公明へ」の比例票の上積み、連立政権内の(大臣を含む)安定的地位を得るバーターだと説明できよう。そこでは、政策や考えについての若干の違いは等閑視されている。

自民党政権とのパイプの模索は早くは六〇年代から随所に見られてきたという面もあるが、やはり新進党時代の自民党側や諸勢力からの苛烈な攻撃包囲網の経験は大きかったようである。そこで激しく用いられたレトリックの一つが「創価学会—公明党は政教分離違反だ」というあの「誤解」であった。もちろん創価学会の側が国内で発揮してきた先鋭性や排他性がそうした批判を呼び込んだという面はあるだろう。だが、創価学会の政治活動を常に叩き続けたことが、安定した状態を希求させ、今日の長期連立政権を生んでいる一因なのだとしたら皮肉なことである。

本章の議論に戻るなら、「政教一致—政治進出」型から「保守合同—政治関与」型などへの類型間移行の可能性を考える必要もある。前者は、自運動にしか訴求力がないため、多くの場合は早々に頓挫する。そのなかで創価学会—公明党は、組織基盤の強固さゆえに例外的に一定の「成功」をおさめ

てきたが、外部との齟齬を痛感し、安定化を模索するなかで、既成勢力に近寄っていくメカニズムが働いたのかもしれない。われわれが目にしているのはそういった光景である。

以上のような議論と構図を踏まえると、日本社会と政治と宗教の見方も変わってくるかもしれない。その上で、投票するか、しないか、背景を知った上で共に進むか、「宗教団体の政治活動は政教分離違反だ」ではない批判の声を上げていくか、選択してもらいたい。

宗教団体が政治活動に関わるということ。それは、宗教と社会とわれわれとが接する最前線のフィールドなのである。

注

(1) 本章の議論は、塚田(二〇一五)、塚田編著(二〇一七)などで展開されたものに基づいている。省略せざるをえなかった詳細なデータや典拠資料については、これらを併せて参照されたい。

(2) 第一～八、八八、九六、九九の各条は天皇・皇室に関わるものであり、歴史的な宗教—政治性や目下の今上天皇の退位をめぐる状況を考えれば重要だが、本章のテーマとは距離があるため省略する。

(3) もっとも近年の「解釈改憲」の動向を見るなら、法制局の解釈がこの先全く不変とは言い切れない。飯島勲内閣官房参与の創価学会—公明党に対する発言なども参照(『朝日新聞』二〇一四年六月一二日付)。

(4) 政治活動の動機としては、社会的ステータスの向上、政治家に接近することで後ろ盾を得ること、政治力の希求なども確かにあろうが、宗教団体特有のものとは言いがたいだろう。

(5) 各教団と政党・政治家との個別の関わりについては、肥野(一九七九)、宗教と政治を考える会編著(一九八〇)や各種報道などを参照。なお、こうした政治活動に関わらない「不関与型」の教団も数としては

多い。その理由も、天理教のようにかつては関わっていたがそれぞれの事情から教団としてはやめた場合、教祖の生前の発言などにより元から関わらない場合、そもそも運動規模などからいって視野にない場合などがある。

参考文献

石井研士 二〇〇七、『データブック現代日本人の宗教 増補改訂版』新曜社。
國學院大學日本文化研究所編 二〇一七、『学生宗教意識調査総合報告書(一九九五年度〜二〇一五年度)』國學院大學日本文化研究所。
宗教と政治を考える会編著 一九八〇、『神と仏と選挙戦──宗教界再編のカギ 大宗教教団の政治戦略』徳間書店。
菅野完 二〇一六、『日本会議の研究』扶桑社新書。
塚田穂高 二〇一五、『宗教と政治の転轍点──保守合同と政教一致の宗教社会学』花伝社。
塚田穂高編著 二〇一七、『徹底検証 日本の右傾化』筑摩選書。
中野潤 二〇一六、『創価学会・公明党の研究──自公連立政権の内在論理』岩波書店。
中野毅 二〇〇三、『戦後日本の宗教と政治』大明堂。
肥野仁彦 一九七九、『神と仏と自民党──新・永田町研究 八〇年代政権構想と「宗政研」』徳間書店。
薬師寺克行 二〇一六、『公明党──創価学会と五〇年の軌跡』中公新書。
ルオフ、ケネス・J 二〇〇三(二〇〇一)、高橋紘監修、木村剛久・福島睦男訳『国民の天皇──戦後日本の民主主義と天皇制』共同通信社。

第2章　召還される「国家神道」
——保守政治・宗教右派・象徴天皇の交錯

奥山倫明

明仁天皇の退位とともに、平成が終わろうとしている。明治元年からは一五〇年になる。年号を数えることは天皇の在位を意識することであり、以下で見るとおり現天皇の退位と新天皇の即位は、象徴天皇制の存在を改めて顕示する機会になりつつある。象徴天皇制についてはさまざまな議論があるが、本章ではそれに関連する皇室祭祀とともに、天皇や皇室への一般的な関心のあり方についても触れることになる。

象徴天皇への関心に加え、近年、政教関係の議論において時折浮上している二つの事例を、保守政治と宗教右派という枠組みで捉えてみよう。これら三つの主題——保守政治、宗教右派、象徴天皇——を総体として検討することによって、特に安倍晋三政権下の政教関係との関連でしばしば論じられてきた「国家神道」をめぐる議論について改めて検討を加えてみたい。

一　現代日本政治の神道への傾斜

二〇〇一年から二〇〇六年まで続いた小泉純一郎政権は、平成に入ってから九人の総理大臣が短期間ずつ交替したのと比べると長期に及ぶものだった。その後、一年ごとに三人の首相が立った自由民主党と公明党の連立政権（第一次安倍政権を含む）、同じく一年ごとに三人の首相が立った民主党中心の政権ののち、二〇一二年から再び政権の座についた安倍晋三が、通算ではすでに小泉純一郎よりも長く首相を務め、第二次以降の政権在任期間も小泉政権の五年五カ月を超えている。本章でまず注目したいのは、その間に安倍首相が示した、神道、特に伊勢神宮との密接な結び付きである。

とはいえ、総理大臣と伊勢神宮との関係は安倍晋三に限られるわけではなく、それ以前からすでに新年の神宮参拝が常態化していたという背景がある。戦後初めて伊勢神宮を参拝したのは、一九五五年に当時、日本民主党を率いていた鳩山一郎とされる。保守合同で自由民主党が結成されるのはその年の一一月であり、その後の歴代首相も伊勢神宮参拝を続けたので、いわゆる五五年体制はほとんどつねに首相の伊勢参拝を伴っていた。なお一九七八年から八〇年に首相を務めた大平正芳はクリスチャンとして知られるが、七九年、八〇年と新年の神宮参拝を実施した。一方、一九八九年六月から八月に首相を務めた宇野宗佑には、新年の参拝の機会はなかった（後年、一九九四年四月から六月に首相を務めた羽田孜も、新年参拝の機会はなかった）。

一九九三年の自民党下野後、日本新党の細川護熙は一九九四年一月四日に参拝、日本社会党の村山

富市は一九九五年一月は風邪のため実施せず四月七日に参拝、九六年一月四日も参拝した。その後の自民党中心の政権では橋本龍太郎（九七年一月四日、九八年一月五日）、小渕恵三（九九年一月四日、二〇〇〇年一月四日）、森喜朗（二〇〇一年一月四日）、小泉純一郎（二〇〇二年一月四日、〇三年一月六日、〇四年一月五日、〇五年一月四日、〇六年一月四日）、安倍晋三（二〇〇七年一月四日）、福田康夫（二〇〇八年一月四日）、麻生太郎（二〇〇九年一月四日）が新年参拝を実施した。二〇〇九年以降の民主党中心の政権においても、二〇一〇年から一二年のそれぞれ一月四日に鳩山由紀夫、菅直人、野田佳彦が神宮に詣でた。

総理大臣はじめ、重要な公職に就く者の伊勢神宮参拝は、当然、政教分離に抵触するのではないかと考えられる。しかしながら国内でたびたび訴訟が起こされる一方で、近隣諸国からの批判を招き、外交問題化してきた総理大臣の靖国神社参拝と比べると、神宮参拝を批判したり疑問視したりする声は比較的小さいものだったといえる。そうした状況のなか、二〇一二年一二月に安倍晋三が政権に復帰した。安倍首相はその後も怠ることなく新年の神宮参拝を実施している（二〇一三年一月四日、一四年一月六日、一五年一月五日、一六年一月五日、一七年一月四日、一八年一月四日）。

ところで安倍首相の政権復帰の翌年、二〇一三年は伊勢神宮が二〇年ごとに造り替えられる式年遷宮（第六二回）の年に当たっており、安倍晋三はその行事に私人としてとはいえ、積極的に参加する姿を示した。すなわち、一〇月二日、内宮の神体（八咫鏡《やたのかがみ》）を新しい正殿に遷す「遷御《せんぎょ》の儀」に、現職首相として、第五八回（一九二九年）の浜口雄幸以来八四年ぶりの参列を果たした。なおこの儀式には、ほかに以下の閣僚も参列した。すなわち、麻生太郎・副総理兼財務相、下村博文・文部科学相、田村憲久・厚生労働相、林芳正・農林水産相、石原伸晃・環境相、古屋圭司・国家公安委員長、山本一

太・沖縄・北方担当相、稲田朋美・行革相である。私人としての参列とはいっても、当然、ここにも政教分離の問題があることは疑いない。

「遷御の儀」が夜の闇のなかで厳かに営まれる秘儀であったのに対し、その後、安倍首相にとって、伊勢神宮を白昼堂々と国際的な政治的パフォーマンスの場として利用できる機会が到来した。二〇一六年五月に志摩市賢島《かしこじま》で開催された、第四二回先進国首脳会議、いわゆる「Ｇ７伊勢志摩サミット」である。来日した各国首脳には、五月二六日の初日にまずは伊勢神宮を訪問するプログラムが組み込まれていた。このサミットを記録した外務省作成のオンライン版パンフレットには、「伊勢神宮は悠久の歴史を紡いできた。日本の精神性に触れていただくには大変良い場所だ。荘厳でりんとした空気を共有できればよい」という安倍首相の言葉が載せられている(http://www.mofa.go.jp/mofaj/files/000185299.pdf#page=4　二〇一八年九月一日確認)。

また、二〇一八年九月現在、外務省のホームページには、サミット関連行事として「安倍総理大臣及びＧ７各国首脳による伊勢神宮訪問」の項目が挙げられ、神宮訪問時の写真が掲載されるとともに伊勢神宮のホームページもリンクされている(http://www.mofa.go.jp/mofaj/ms/is_s/page4_002073.html　二〇一八年九月一日確認)。

伊勢神宮「参拝」ではなく「訪問」と表記されているのは、政教分離原則を配慮した形式を取ったことによるという。しかしながらどのような形式の訪問であっても、安倍政権がＧ７各国首脳を伊勢に招待するプログラムを実施し、それが広く報道されたことは、安倍首相と伊勢神宮との密接な関係を内外に示すことになった。

二　神道政治連盟の活動

時の政権と神道との関係に加え、神道界からの政治的発信についても見ておこう。一九六九年に神道政治連盟（以下、神政連と略記する）が結成され、さらに一九七〇年には神道政治連盟国会議員懇談会が結成され、神政連の活動を支援している。

二〇一八年七月の時点で、神政連国会議員懇談会の会員は、衆議院議員二一一名、参議院議員八三名の計二九四名だった（議員定数七〇七名の四二％弱）。同月発足した第三次安倍第三次改造内閣と同年一一月発足の第四次安倍内閣では、二〇名の閣僚のうち公明党所属議員一名、小野寺五典・防衛相、小此木八郎・国家公安委員長、江﨑鐵磨《てつま》・沖縄・北方担当相を除く一六名が神政連国会議員懇談会の会員である（二〇一八年二月に江﨑が辞任、後任の福井照は会員なので一七名となった）。

島薗進は最近の論考において、戦後占領下での神社本庁の成立にさかのぼり、神宮制度是正（伊勢神宮と皇室、国家との関係の公認）を求める神社界の運動の流れを汲みながら、神政連が皇室の尊厳維持活動に取り組んできた経緯を論じている。神社本庁、神政連のこれらの運動は、国体神道の回復を目指すものと捉えられ、こうした運動を理論的に支えた葦津《あしづ》珍彦《うずひこ》の文章を引いたうえで、島薗は二〇一二年以降の安倍政権にまでつながる、「第二次世界大戦後の日本の右翼政治思想」の流れを見出している（島薗 二〇一七）。

ここで神政連のホームページ（二〇一八年九月一日現在）を参照し、この団体の活動の方向性を見てみ

よう。神政連の主な取り組みとして掲げられるのは、以下の五項目である。

- 世界に誇る皇室と日本の文化伝統を大切にする社会づくりを目指します。
- 日本の歴史と国柄を踏まえた、誇りの持てる新憲法の制定を目指します。
- 日本のために尊い命を捧げられた、靖国の英霊に対する国家儀礼の確立を目指します。
- 日本の未来に希望の持てる、心豊かな子どもたちを育む教育の実現を目指します。
- 世界から尊敬される道義国家、世界に貢献できる国家の確立を目指します。

便宜的に要約してみると、皇室尊崇、文化伝統の尊重、新憲法制定、国家的英霊祭祀の確立、教育改革、道義国家の確立といった目標が掲げられていることがわかる。このうち特に、新憲法の制定、国家的英霊祭祀の確立、また以下で見るように法改正を通じた教育改革といった目標は政治目標として明解な主張である。その点で神政連の運動は、宗教団体を背景にして保守的な政治的目標を達成しようとしており、アメリカ合衆国における「宗教右派」とも類比できる、いわば「日本の宗教右派」としての性格を示していると捉えることができよう。

これらの目標については、そのホームページ上で、「私たちの取り組む課題」として、さらに詳しく説かれている。ここで挙げられている課題の記述はあまり更新されていないように見受けられるが、それでも神政連の関心がどのあたりにあるかは推測できる。掲げられている項目名は、「皇室」「政治と宗教」「教育・家庭」「憲法」「伝統・文化」となっている。このうち、「教育・家庭」については、

「夫婦別姓」「戦後教育の光と影」「ジェンダー」「教育基本法」「家庭の役割」「教科書問題」といった主題が挙げられている。

ここで挙げられている主題との関連で、教育基本法の改正についての神政連の主張を確認しておこう。改正前の旧・教育基本法は一九四七年に公布施行されたものであり、神政連からすると、「日本が再び戦勝国の脅威となることのないよう、日本人の精神的基盤を解体する目的で現行憲法と合わせて占領軍が押し付けたもの」と捉えられる。日本の伝統的な価値観が否定されたことを背景として、戦後日本の教育の状況は神政連の見るところでは「教育の現場は混乱を極め、青少年による凶悪犯罪の続発、校内暴力、学級崩壊となって現われ、早急な対策が迫られる状況」になっているとされる。これを受け、神政連その他の団体により、以下の三つの柱についての教育基本法改正が主張されたのだという。すなわち第一に、「愛国心」の涵養についての条文化、第二に「宗教教育」、とりわけ「宗教的情操」の涵養についての条文化である。第三は、旧・教育基本法第十条第一項「教育は、不当な支配に服することなく、国民全体に対し直接に責任を負つて行われるべきものである」に記される「不当な支配」に関わる。神政連の主張によると、この条文は、「日教組等が偏向教育を続けるため、国が学校教育に関与することを「不当な支配」と曲解して、抵抗運動の法的根拠としてきた」という。

これらの三つの柱について、二〇〇六年の改正により、第二条第五号として「伝統と文化を尊重し、それらをはぐくんできた我が国と郷土を愛するとともに、他国を尊重し、国際社会の平和と発展に寄与する態度を養うこと」が付加され、また新・第十五条は「宗教に関する一般的な教養」という文言が付加された結果、「宗教に関する寛容の態度、宗教に関する一般的な教養及び宗教の社会生活にお

ける地位は、教育上尊重されなければならない」と改められた。また新・第十六条第一項は「教育は、不当な支配に服することなく、この法律及び他の法律の定めるところにより行われるべきものであり、教育行政は、国と地方公共団体との適切な役割分担及び相互の協力の下、公正かつ適正に行われなければならない」と改められたことで、国と地方公共団体の役割が明記されることになった。特にこの三点目についての神政連の評価は次のとおりである。

これにより、日教組等が教育に圧力をかけることが、明確な法令違反として取り上げられることになるでしょう。また、一部教員が国旗・国歌に敬意を表することに異を唱えて学校行事を混乱させたり、業務時間中に学校施設内で政治運動を展開している常識を逸脱した現状が、国・地方自治体の主導で糺されることも期待されます。

この評価を見ると、二〇〇六年の教育基本法改正は、一九九九年に公布施行された「国旗及び国歌に関する法律」とも連動する動きと捉えることができよう。

さらに指摘しておくべきは、教育基本法改正を実現したのは二〇〇六年九月に成立した第一次安倍政権だったということである。またこの教育基本法が参議院を通過した一二月一五日には、防衛庁設置法改正案も参議院を通過した。これは内閣府の外局としての防衛庁から独立した機関としての防衛省への格上げを図り、併せて防衛庁長官を防衛大臣(防衛相)と改める改正である。防衛省への格上げは今論じている神道とは直接関係ないが、二〇一二年に再登場することになる安倍首相の政治的姿勢

を明示するものといえよう。

三　皇室報道の動向

ここで目を転じて、皇室をめぐる動きについて確認しておこう。二〇一八年九月現在、皇室は以下のような一九名の人々で構成されている。

○内廷―天皇・皇后、皇太子・皇太子妃、愛子内親王
○宮家―・秋篠宮・秋篠宮妃、眞子内親王、佳子内親王、悠仁親王
・常陸宮・常陸宮妃
・三笠宮妃崇仁親王妃百合子、寬仁親王妃信子、彬子女王、瑤子女王
・高円宮妃久子、承子女王、絢子女王

なお平成になってから、結婚により二名が皇族の身分を離れたほか、親王四名、親王妃二名が死去している。秋篠宮の結婚が一九九〇年、皇太子の結婚が一九九三年であり、平成になってからの皇室関係の出来事は、天皇皇后に関連するものに加え、皇太子一家と秋篠宮家の結婚、親王・内親王の誕生といった家族の歴史も含めて報道されてきており、「皇室報道」とも呼ばれるジャンルを形作ってきた。そのなかには、ロマンスのみならずスキャンダルめいたものも多々含まれており、現在、宮内

庁は皇室関連の報道に見られる大きな誤りについては、ホームページ上で指摘している。

この間、折々に、皇室報道のレベルを超えて、皇室制度のあり方が広汎な議論の対象となってきた。一つの論点は、悠仁親王が二〇〇六年に誕生するに先立って、男性皇族の減少から天皇制の存続が不安定であることを問題視することがきっかけになった、いわゆる皇位継承問題である。二〇〇五年には小泉首相が「皇室典範に関する有識者会議」を開催し、一七回の会合を経て、同年一一月に報告書が出された。

現在の皇室典範が規定する男系皇位継承について、嫡出子のみによる継承が、皇室内における晩婚化と少子化の影響も受け不安定になっていることをこの報告書は認めており、そのうえで、女子や女系の皇族に皇位継承資格を拡大する可能性について、積極的に問題提起している。すなわち「〔前略〕非嫡系継承の否定、我が国社会の少子化といった状況の中で、古来続いてきた皇位の男系継承を安定的に維持することは極めて困難であり、皇位継承資格を女子や女系の皇族に拡大することが必要であるとの判断に達した」という（「報告書」一〇頁）。しかしながらこの報告書の発表の翌年、悠仁親王が誕生したこともあり、ここで提起された問題について議論が継続されることはほとんどなかった。

その後、天皇在位二〇年と天皇皇后結婚五〇年（二〇〇九年）、天皇の傘寿（二〇一三年）、皇后の傘寿（二〇一四年）、戦後七〇年（二〇一五年）といくつかの節目を刻んで迎えることになったのが、二〇一六年八月八日の「象徴としてのお務めについての天皇陛下のおことば」の発表である。天皇自身が自らの高齢と身体の衰えを自覚し、「全身全霊をもって象徴の務めを果たしていくことが、難しくなるのではないかと案じています」と心情を吐露したこの「おことば」を受け、さっそく政府は対応に当た

った。

まず二〇一六年一〇月より一七年四月まで「天皇の公務の負担軽減等に関する有識者会議」が全一四回開催され、「最終報告」がまとめられた。このうち四回の会議では、四―六名の外部有識者がヒアリングに招かれ知見を披瀝した(計二〇名)。また衆参両院は二〇一七年一月より合同で対応することになり、先の「有識者会議」が整理した論点を各政党・各会派と共有のうえ、一月から三月まで七回の全体会議を開催し、「「天皇の退位等についての立法府の対応」に関する衆参正副議長による議論のとりまとめ」が総理大臣に提出された。続く五月に改めて全体会議が開催され、「天皇の退位等に関する皇室典範特例法案要綱」が確認され、そのうえでこの法案が国会に提出された。最終的に二〇一七年六月に「天皇の退位等に関する皇室典範特例法」が成立する。この特例法は第二条で「天皇は、この法律の施行の日限り、退位し、皇嗣が、直ちに即位する」と定め、附則の第一条に「この法律は、公布の日から起算して三年を超えない範囲内において政令で定める日から施行する」とされ、公布から三年以内に、天皇が退位して上皇になることが可能になった。

皇室との関係で、この間のもう一つの出来事も注目される。それはすなわち、『昭和天皇実録』(以下『実録』と略記する)の刊行が開始されたことである。『実録』は一九九〇年から宮内庁書陵部編修課が作成していた昭和天皇に関する公式記録であり、二〇一四年に天皇皇后に提出ののち公表された。『実録』公表の九月九日直後の状況について、古川隆久は以下のように記している。

この日から翌日にかけて、その内容を報じ、意義を論じる社説や特集記事を掲載しない新聞はな

く、主要テレビ・ラジオ局もニュース番組や情報番組で盛んにとりあげた。歴史書の内容がこの時ほど盛大に報道されたことは前例がない。『実録』の完成と公表は、「『実録』フィーバー」と呼んでも過言ではないほどの大きな社会的関心事となったのである。(古川 二〇一五)

『実録』はその後、二〇一五年から東京書籍により刊行が続けられている。マスコミや読書人のあいだでの『実録』への関心の背景には、半藤一利、保阪正康その他の文筆家が牽引してきた出版界における昭和史への関心があったのかもしれない。他方、天皇や皇室については、原武史が数多くの著作を著してきたことも忘れることはできない。なお、原が『可視化された帝国』(初版二〇〇一年)において、天皇や皇太子の行幸啓を取り上げて近代天皇制の視覚的支配を論じたことを考えると、新聞、雑誌、テレビ、書籍等を通じての皇室報道や皇室論は、行幸啓に居合わせるという身体的経験としての〈見る〉現実は伴っていないが、メディア上での映像を通して皇族たちを〈見る〉経験は生み出している。たとえば二〇一六年八月の「象徴としてのお務めについての天皇陛下のおことば」も、宮内庁ホームページ上でビデオクリップとして視聴可能になっている。マスメディアからインターネットへと移り変わりつつある、現代における天皇や皇族の可視性(visibility)について、改めて問い直すことが必要となっているようである。

もっとも、見られる対象としての天皇や皇族を論じていくと、見られる範囲を超えた視覚に映ってこない領域があることを意識せざるをえなくなる。それは「不可視の天皇」にかかわり、宮中祭祀はその不可視の部分(原の言葉では「お濠の内側」)に含まれる。原が二〇〇八年に刊行した著書『昭和天

皇』は、特にこの宮中祭祀に焦点を当てて論じている。

原は『昭和天皇』において、戦後、昭和天皇が宮中祭祀の継続にこだわった理由として、二点を挙げている。一つは、「平和の神」であるはずのアマテラスに戦勝祈願をしたことで「御怒り」を買ってしまった過ちを反省し、悔い改めて平和を祈り続けようとしたという理由である。二つ目は、日本人が宗教心希薄で付和雷同しやすいことに天皇が不信感を抱いていたためだという。「天皇は、自らの祈りとは異なり、戦中期の国民の祈りが「実質的精神」を伴わない「形式」にすぎなかったという思いを、敗戦後に強く抱いていたはずである」と原は指摘している(原 二〇〇八)。

また同書の末尾において原は、現天皇が昭和天皇よりもさらに宮中祭祀に熱心であること、また現天皇皇后が広島、長崎をはじめ、沖縄、硫黄島、サイパンなどかつての激戦地への慰霊のための訪問を繰り返してきたことにも言及している。こうして、舞台は再び平成へと戻ってくる。

四　「国家神道」から、再び象徴天皇制へ

二〇一〇年に刊行された『国家神道と日本人』において、著者の島薗進は、第二次世界大戦後、GHQによるいわゆる「神道指令」がそれまでの国家神道を解体しようとしたときに、実際には皇室祭祀(宮中祭祀を含む)が皇室の私的な信仰として温存されたことに着目している。また戦後、再組織化され宗教教団となった神社本庁において天皇崇敬・神宮崇敬が強く主張され、国民のあいだでも天皇の巡幸に対する歓迎ぶりや皇居への一般参賀の参集者が示すように天皇崇敬が持続してきた。こうし

たことから、島薗は国家神道が戦後も存続したという議論を、その後さらに著書等を通じて展開していくことになる。たとえば二〇一四年に刊行された「現代日本の宗教と公共性——国家神道復興と宗教教団の公共空間への参与」と題された論考では、特に三・一一以降、仏教系の諸教団、また連合団体としての全日本仏教会などが、公共空間への参与を強めている事例と対比して、国家神道復興の潮流を位置づけ、次のように記している。

二〇〇〇年代に入って、とりわけ三・一一以後、神社や国家神道復興の気運が目立つようになってきている。公共圏で伊勢神宮参拝や天皇崇敬の鼓吹という形で、宗教の影響力が増していると言える。（島薗 二〇一四）

最近では、二〇一六年八月の天皇の「おことば」ののちに刊行された島薗と片山杜秀との対談『近代天皇論』がある（同書の巻末には「おことば」自体が掲載されている）。同書で島薗は、昨今の安倍政権や右派知識人たちの言説に国体論的な宗教ナショナリズムへの志向を見出している。その宗教ナショナリズムは、伊勢神宮や靖国神社を崇敬する保守政治家たちが共有し、神政連や日本会議が依拠するイデオロギーであり、天皇中心の国体、すなわち神聖国家への回帰の主張につながっている（1）。

ところでここで注目すべきは、「おことば」を通じて生前退位の道を開いた現在の明仁天皇の意向が、天皇の神聖性を重視する右派の知識人たちの批判を招いたことである。島薗は、人間として国民とともにある象徴天皇のあり方は、右派知識人たちの神権的国体論とは異なり、神聖国家への回帰を

押しとどめ戦後民主主義の防波堤となりうるものだと捉えている。島薗はさらに天皇皇后の「慰霊の旅」も積極的に評価し、次のように語っている。

今上天皇と皇后は、広島、長崎、硫黄島、サイパン、パラオ、フィリピンなどを訪れ、戦没者の慰霊のために祈っています。この祈りは、国民のみならず、世界の人々のあいだに信頼と敬愛を育てるための祈りです。これを天皇は、象徴天皇の務めだと考えている。だとすれば、平和憲法や戦後民主主義という理念も、一国に留めていいものではありません。（片山・島薗 二〇一七）

ここで言及される天皇皇后の「祈り」とは何だろうか。「慰霊の旅」における「祈り」は、おそらく神道的な祈りという枠にはとどまらないのではなかろうか[2]。

本章では、まず伊勢神宮との関係に見られるような現代日本の政治家たちの神道への傾斜を振り返り、次いで神政連の政治的な取り組み、特に二〇〇六年の教育基本法の改正を後押しした教育改革の主張に触れた。さらに皇室報道や皇室制度をめぐる議論が一方では天皇や皇族の可視性を高め、他方では象徴天皇制において維持されてきた不可視の領域としての皇室祭祀へと、注目を喚起してきたことも見てきた。この皇室祭祀が戦後、継続してきたことは、島薗が国家神道の存続を議論するときの一つの根拠になっている。

確かに近年の保守政治と宗教右派の動向を見ると、「国家神道」の復活を危惧する議論にも一理あるように見える。しかしながら今、改めて天皇の退位とともに注目される象徴天皇のあり方は、島薗

が示唆するように、保守政治と宗教右派が抱いている国体や神権国家への回帰の主張とは異質なものである。

こうして見てくると、保守政治、宗教右派、象徴天皇は、「国家神道」をめぐる近年の議論を刺激し、いわば過去の「国家神道」を再び召還した側面があるが、象徴天皇自身がその概念を超える可能性を指し示していたとも考えられよう。退位にいたるまでの明仁天皇の行動と折々の発言に注目するとともに、皇后や皇太子、その他の皇族の言動も併せ考えることで、保守政治・宗教右派・象徴天皇の交錯のなかから、保守でも右派でもない――さらには神道でもない――、また別の「祈り」の姿が浮かび上がってくるのかもしれない。

注

（1）本章では、靖国神社をめぐる問題について、また日本会議をめぐる問題については論じていない。本書中の該当の章を参照されたい。

（2）祈りということでは、天皇、皇后、その他の皇族とキリスト教との関係という主題も想定することができ、原武史もその主題の重要性を指摘している（原 二〇〇八、二〇一五）。

参考文献

片山杜秀・島薗進 二〇一七、『近代天皇論――「神聖」か、「象徴」か』集英社。
島薗進 二〇一〇、『国家神道と日本人』岩波書店。
島薗進 二〇一四、「現代日本の宗教と公共性――国家神道復興と宗教教団の公共空間への参与」島薗進・磯前順一編『宗教と公共空間――見直される宗教の役割』東京大学出版会。

島薗進　二〇一七、「神道政治連盟の目指すものとその歴史――戦後の国体論的な神道の流れ」塚田穂高編著『徹底検証　日本の右傾化』筑摩書房。
原武史　二〇〇八、『昭和天皇』岩波書店。
原武史　二〇一一、『可視化された帝国――近代日本の行幸啓〔増補版〕』みすず書房。
原武史　二〇一五、『「昭和天皇実録」を読む』岩波書店。
古川隆久　二〇一五、「はじめに」古川隆久・森暢平・茶谷誠一編『「昭和天皇実録」講義――生涯と時代を読み解く』吉川弘文館。

ホームページ・アドレス

外務省・伊勢志摩サミット関係
http://www.mofa.go.jp/mofaj/files/000185299.pdf
http://www.mofa.go.jp/mofaj/ms/is_s/page4_002073.html
宮内庁
http://www.kunaicho.go.jp/
宮内庁「象徴としてのお務めについての天皇陛下のおことば」
http://www.kunaicho.go.jp/page/okotoba/detail/12#41
衆議院・参議院「天皇の退位等についての立法府の対応について」
http://www.shugiin.go.jp/internet/itdb_annai.nsf/html/statics/shiryo/taii_index.html
http://www.sangiin.go.jp/japanese/ugoki/h29/tennoutaii/index.html
首相官邸「皇室典範に関する有識者会議　報告書」
http://www.kantei.go.jp/jp/singi/kousitu/houkoku/houkoku.pdf
首相官邸「天皇の公務の負担軽減等に関する有識者会議　最終報告」

http://www.kantei.go.jp/jp/singi/koumu_keigen/pdf/saisyuhoukoku.pdf

神道政治連盟

http://www.sinseiren.org/

第3章　錯綜する慰霊空間――ポスト戦後的状況のなかで

西村　明

一　戦争死者慰霊の窮状

毎年八月一五日の「終戦記念日」が近づくと、新聞やテレビなどでアジア・太平洋戦争にまつわる特集記事や番組が多くなる。とりわけ、あとで触れるように、首相や閣僚などの政治家が靖国神社に参拝した際には、国内外の関心を呼ぶ政治的話題として取りざたされてきた。

しかし、他の時期には戦争ネタは多くのニュースに埋もれて目立たない。そうしたなか、近年かならずしも八月に限定しないかたちで戦争にまつわる記事が登場していることに気づく。ここではまず、そのようないくつかの記事を簡単に見ておくことにしたい。

二〇一三年二月二一日付『読売新聞』東京版朝刊に、「海外慰霊碑維持難しく」という見出しの記事が掲載された。二〇一一年末の時点で、民間団体などが海外に建立した約一〇〇〇基の日本人戦没者慰霊碑のうち、管理が行き届いているものは半数にも満たず、建立者の死亡や高齢化などで維持の困難が目立つという。それらのなかには経年劣化で傷んだり、壊された碑もあり、さらにはすでに撤

去されたものが三八二基におよんでいる。厚労省援護企画課ではこうした民間慰霊碑への対応について、二〇〇三年度から建立者の同意のもとに、海外一四箇所にある国の慰霊碑周辺に移設、整理を進めている。

他方、遺骨収集についてもその窮状を訴える記事がみとめられる。二〇一〇年一二月二日の『産経新聞』には、「日本兵一三万人の遺骨は観光資源」という記事が掲載された。ニューギニア島南東部ギルワ地区の戦争博物館に、旧日本軍兵士の所持品などとともに遺骨が展示され、「展示品」として引き渡しを渋る現地住民に対して遺族会メンバーが粘り強く交渉し、ようやく返還にいたったということを伝える記事である。

また、二〇一一年にフィリピンでは、厚労省から委託を受けて収骨に当たっていたNPO法人が現地住民に有償で依頼して収集した遺骨のなかに、日本人兵士のものではない骨が相当数含まれていたことが判明し、そのほかにも、現地の墓から盗まれた骨を日本人のものとして集めた疑いがある事件も起こっている(『日本経済新聞』二〇一一年一〇月五日付)。

政府主催の遺骨収集活動は、日本が主権回復した一九五二(昭和二七)年頃から本格的に取り組まれ、一九七〇年代半ばをもっておおむね終わったとされていた。しかし、約二四〇万人と言われる日本人戦没者数(空襲や原爆などの戦災死没者や戦闘に巻き込まれた民間人も含めると約三一〇万人と言われる)のうち、半数近くの遺骨が未だ送還されておらず、戦火に倒れた場所やその近くに放置されている状態である。

戦後、とりわけ民間人の海外渡航が自由化した一九六四(昭和三九)年以降には、多くの戦友会や遺

族会、宗教者などが旧戦地を訪問し、兵士のような戦闘員だけでなく、現地住民や日本から渡った移民等の民間人も含めた戦争による死者（以下では、戦争死者という）をめぐって、現地での慰霊・追悼をおこなうようになった（以下、戦地慰霊と呼ぶ）。二〇〇〇年代の状況にフォーカスを当てる本巻の趣旨から、こうした遺骨収集や戦地慰霊の来歴についてここでは深く立ち入ることはしない（戦後の動向については、浜井 二〇一四を参照）。先に挙げた記事からうかがえるのは、戦争死者の慰霊・追悼が、二〇〇〇年代に入って新たな局面に入っているのではないかということである。本章では、そうした二〇〇〇年代の戦争死者慰霊が置かれた局面のいくつかを紹介していくことで、どのような意味において新しいと言えるのか、考えてみることにしたい。

二　靖国神社か国立追悼施設か

二〇〇〇年代に入ってまず現れた戦争死者慰霊の問題としては、内閣総理大臣（以下、首相）の靖国神社参拝をめぐる是非であった。二〇〇一年四月に首相に就任した小泉純一郎は、二〇〇六年九月までの三次にわたる在任期間に毎年靖国神社に参拝した（〇一年八月一三日、〇二年四月二一日、〇三年一月一四日、〇四年一月一日、〇五年一〇月一七日、〇六年八月一五日）。参拝の期日は年によってまちまちであったが、二〇〇六年八月には、終戦記念日の参拝を実行した。直後におこなわれたインタビューでは、「八月一五日を避けても、いつも批判や反発、そして何とかこの問題を大きく取り上げようとする勢力、変わらないですね。いつ行っても同じです。〔略〕私はこれから千鳥が淵の戦没者墓苑にお参

りをします。戦没者の追悼式典にも出席します。適切な日だなと判断いたしました」と答えている（首相官邸ＨＰ「小泉総理インタビュー　平成一八年八月一五日」https://www.kantei.go.jp/jp/koizumispeech/2006/08/15interview.html）。

靖国神社のあり方や政治との関わり方をめぐる出来事や論争は、戦後日本社会において断続的に生じていた。例えば、占領期における靖国神社存続をめぐるＧＨＱ（連合国軍総司令部）との折衝をはじめとして、一九七〇年代前半の靖国神社国家護持法案をめぐる動向、七〇年代末のＡ級戦犯の合祀問題、一九八五年当時の首相であった中曽根康弘による公的参拝問題などである。こうした「靖国神社問題」群は、神社の軍国主義的性格をめぐる議論（イデオロギー的次元）をはじめ、首相や公職者の神社参拝と憲法の政教分離原則との兼ね合い（法・制度的次元）、祭神として合祀される死者の範囲や十五年戦争・東京裁判の評価（歴史認識的次元）、神社の諸外国に対する外交上の配慮（国際政治的次元）など、相互に複雑に関連した、さまざまな次元にまたがる問題として存在してきたわけである。

しかし、二〇〇〇年代の小泉参拝が取りわけ多くの注目を浴びたのは、アジア諸国をはじめとした多くの国々への植民地支配と侵略に対する謝罪を含んだ村山談話（一九九五年八月一五日に発表。当時の首相・村山富市による「戦後五〇周年の終戦記念日にあたって」と題した閣議決定を経た声明で、以降の内閣にも引き継がれた日本政府の公式見解とされたもの）以降に、近隣諸国の批判のなかであえておこなったという点も大きい。村山談話の翌年七月、橋本龍太郎が首相として靖国参拝をおこなった際には、アジア諸国から厳しい批判を受け、「この仕事には私人というものはない、ということを知った」と語り、以後、在任中は参拝していない。

六回におよんだ小泉参拝以降に、唯一実行したのは、第二次内閣時の安倍晋三である（二〇一三年一二月二六日）。この時におこなわれた世論調査では、産経でも朝日でも共通して、二、三十代の若年層において参拝を支持する主張がみられたのが特徴的である。(1) アジア諸国からの批判に加え、米国国務長官のジョン・ケリーと国防長官のチャック・ヘーゲルが同年一〇月三日に国立千鳥ヶ淵戦没者墓苑を訪問し、ジャパン・タイムズの記事（一〇月四日付）では、安倍参拝への牽制であると見なされた。それ以降、二〇一七年末現在までには首相参拝はおこなわれていない。

最初の小泉参拝から四カ月後の二〇〇一年一二月には、内閣官房長官・福田康夫の私的懇談会として「追悼・平和祈念のための記念碑等施設の在り方を考える懇談会」が立ち上げられた。そこでは、靖国神社に代わる新しい国立追悼施設の必要性が議論され、その後も代替施設の是非をめぐって懇談会の内外からさまざまな意見があがり、新たな追悼施設の実現にはいたらなかった。

しかしながら、戦闘・戦地で亡くなった戦没者の慰霊施設から一歩引いてみると、公の追悼施設の存在が視野に入ってくる。例えば、二つの原爆被爆都市、広島と長崎には二〇〇〇年代に入って国立原爆死没者追悼平和祈念館が相次いで開館した（広島二〇〇二年、長崎二〇〇三年）。そこでは、生存被爆者から集めた被爆体験記録と原爆死没者に関する情報がデータベース化されており、こうした情報の収集・利用・継承が目指されている（西村 二〇〇六）。また、国立ではないものの、沖縄県糸満市摩《ま》文仁《ぶに》の丘には、県の設置した「平和の礎《いしじ》」があり、沖縄戦で亡くなったすべての人の名前が出身国の言語で刻銘碑に刻まれている。さらには、二〇一一年三月一一日に発生した東日本大震災に伴う津波災害を受けて、自然災害では初の国営追悼・祈念施設となる、高田松原津波復興祈念公園の設置が岩

手県陸前高田市に計画され、二〇一七年に起工し、二〇二〇年に完工が予定されている。

こうした動向を見ると、二〇〇〇年頃から以降の日本社会における慰霊・追悼の軸足は、必ずしも靖国神社を中心に動いているという訳ではないことがうかがえる。しかし、そのことが必ずしも靖国軽視につながっているわけではなく、むしろ若年層による安倍参拝の高い支持率にみられるように、新たな靖国擁護の動きが起こっていることにも注意しておく必要があるだろう。

三　戦地慰霊と遺骨収集の新展開

他方で、一節で触れた、戦地慰霊にも二〇〇〇年代に入って新たな動きがみられる。それは、天皇・皇后による慰霊訪問という出来事である。これまで、二〇〇五年六月のサイパン、二〇一五年四月のパラオ共和国ペリリュー島、それに翌二〇一六年一月のフィリピン・ルソン島と三回にわたって実施された。サイパンとパラオへの訪問はそれぞれ、戦後六〇周年、七〇周年という節目の年に際しての慰霊を目的としたものであったのに対し、フィリピンへのそれは国交六〇周年を記念しての国賓としての招待であった。

もちろん、明仁天皇と美智子皇后が旧戦地を訪問したのは、これらが初めてではない。皇太子夫妻として一九六二年にフィリピンを訪問し無名戦士の墓に献花をおこなっているし、一九七五年七月に沖縄国際海洋博覧会の開会式に参列するために訪問した日本復帰後の沖縄では、南部戦跡への訪問を希望してひめゆりの塔のそばで火焔瓶を投げつけられるという事件も起こっている。

一九八九年の即位後には、一九九一年の雲仙・普賢岳噴火被災地をはじめとして、二〇一一年の東日本大震災や二〇一六年の熊本地震など、国内の噴火や地震などの被災地への見舞いを積極的に続けている。避難所や仮設住宅を訪問して、防災服や腕まくりしたシャツの格好で床にひざまずいて被災者に声をかける姿が新聞やテレビニュース報道で取り上げられるように、被災者・犠牲者に寄り添う姿勢が好意的に語られることも多い。歴史学者の河西秀哉は、こうした見舞いが「地下鉄サリン事件など多くの世情不安な出来事が頻発する時期にあって」、「被災者への「癒やし」として歓迎されて」いったと指摘している（河西 二〇一六）。

一方で、そうした現代の被災地訪問と並行するように、日本復帰二五周年を迎えた小笠原諸島を一九九四年二月に訪問し、激戦地であった硫黄島にも慰霊のために訪れたのをはじめ、翌年の戦後五〇周年の節目には、七月末から八月初めにかけて長崎平和公園、広島の原爆死没者慰霊碑、沖縄の国立沖縄戦没者墓苑、東京都慰霊堂へと相次いで訪問している。二〇〇〇年代の海外旧戦地への慰霊行はこうした流れの延長に位置づけられよう。

サイパンでは、多くの日本人移民（民間人）が戦闘に巻き込まれて投身自殺をはかったマッピ岬のバンザイクリフやスーサイドクリフにほど近い日本中部太平洋戦没者の碑を訪問したが、その際、おきなわの塔と太平洋韓国人追念の塔にも予定外の訪問をおこなった（吉田 二〇一七）。

このように天皇・皇后は戦地慰霊に対しては積極的な関わりを持ちつつ、靖国神社については不拝の姿勢を固持している。後者については、一九七〇年代後半に同社に東京裁判のA級戦犯が合祀されたことを受けて昭和天皇が参拝を取りやめたことを踏襲したものであるのに対して、戦地慰霊についい

ては明仁天皇独自の取り組みと見ることができる。戦争に対する反省や日本国憲法を擁護する天皇の発言については、それを政治的に好ましく思わない保守的な意見などがみられるものの、戦地慰霊を政治問題としてメディア上で積極的に取り上げる論調は国内にはほとんどない。それにはおそらく、これまでの訪問が日本人の戦争死者の慰霊を主眼としたものである点が大きいだろう。天皇・皇后は、訪問した場所で短歌を詠むことも多く、宮中祭祀のように定められた形式ではないものの、ある種の日本的な儀礼のあり方に沿った形を取っていることも一因として考えてよいかもしれない。被災地訪問と同様に、被災者・被害者への情緒的態度と苦行的性格を帯びた訪問のあり方が国民的な共感を獲得して、「祭政分離」的な新たな象徴性を獲得しているとも言える。

二〇一〇年代に入ると政府においても、戦地に残された遺骨収集に積極的に関与する姿勢が見え始める。戦後の遺骨収集に対する政府の姿勢はどちらかと言えば消極的であり、再三の民間からの要請に後押しされる形で進められてきた歴史がある(浜井 二〇一四)。二〇一〇年の民主党・菅直人政権時代に、小笠原諸島「硫黄島からの遺骨帰還のための特命チーム」が設置され、首相自らも現地を訪れた。そこでは、遺骨を収集するという作業的ニュアンスを払拭し、遺骨に丁重に対応するという観点から「収集」ではなく「帰還」の語が用いられている。硫黄島での日本側戦死者二万二〇〇〇人のうち、当時遺骨が収容されていたのは約四割にとどまっており、遺骨帰還への取り組みは、高齢化する遺族に心の安らぎをもたらし、後世代に戦争の悲惨さを伝えることで国民生活の安定・安全のために必要な「国の責務」であることが意義として謳われた(硫黄島からの遺骨帰還のための特命チーム 二〇一〇)。

その後「帰還」の文字は「収集」に再び戻っているものの、こうした動きは自民党政権になっても継続され、二〇一六年には「戦没者の遺骨収集の推進に関する法律」が制定された。その法律を受けて閣議決定された「戦没者の遺骨収集の推進に関する基本的な計画」では、平成三六年度(二〇二四年度)までを集中実施期間と位置づけ、情報収集と、従来からの厚労省と民間との連携に加え、外務省や防衛省などの関係行政機関との連携協力が謳われている。また、遺骨のＤＮＡデータベース化を施策として推進することも新たな点である。これについては、これまでも部分的に試みられていたが、あくまで蓋然性が高く遺族からの希望があれば実施するという方針であった。それに対し、「遺留品等がなくても、部隊記録等の資料によりある程度戦没者が特定できる場合には、当該戦没者と関係すると思われる遺族に呼びかけを行い、ＤＮＡ鑑定を実施する」としており、政府側からの積極的な関与がこれまでと大きく異なる点である。

天皇・皇后の戦地訪問に助走的プロセスが見られたのと同様、こうした政府の動きは二〇一〇年代に入って突如として起こってきたものではないだろう。二〇〇〇年代に入っての遺骨収集・戦地慰霊の新たな傾向としては、戦死者の戦友や遺族といった直接の関係者以外の第三者・新世代の関わりが目立つ点である。もちろん一九六七年から半世紀あまり活動している日本青年遺骨収集団(ＪＹＭＡ)や宗教者による取り組みなども見られる。しかし、二〇〇〇年代にはアルピニストの野口健の遺骨収集への取り組み、あるいは、笹幸恵による『女ひとり玉砕の島を行く』のようにガイドブック的な戦地慰霊案内が登場していることが、これまでとは大きく異なる点である(笹 二〇〇七)。例えば、筆者がインタビューをしたテニアン戦の生存者で、テニアン・サイパンでの遺骨収集に従事してきた金谷

安夫氏が、二〇〇三年に八〇代半ばで開設した「慟哭の島その真実」というウェブサイトには、開設当初毎日のようにメールが届いたそうだが、それらのうち最も多かったのは三〇代半ばの女性からであったという。彼女らの多くが、旅行で訪れた島に関する情報を後から収集するうちに金谷氏のサイトにたどり着き、そこでかつて起こった歴史的事実に驚いたという感想を寄せている(西村 二〇一八)。

本章の冒頭で二〇〇〇年代に起こっている「戦争死者慰霊の窮状」について触れたが、その一方でこうした世代交代や新たな関わりが登場していることにも注目しておく必要がある。

四　慰霊空間の拡散――継承から不謹慎なる創造へ?

二〇〇〇年代を目の前にした一九九五年は、日本社会にとって戦後五〇年の節目であるとともに、阪神・淡路大震災という自然災害によって、一度に五〇〇〇人を越える人々が亡くなるという事態にいかに向きあうべきかということが新たな同時代的問題として生じた。数の多寡が問題ではないものの、二〇一一年の東日本大震災では、その三倍強の死者数であった。津波にのみ込まれる人々を映したテレビ報道の画面はたいへんショッキングなものであった。他方で、一九九八年から二〇一一年までの国内の自殺者数は三万人を越え(警察庁自殺統計)、その後は減少傾向にあるものの、二〇一七年でも二万人を越えている。その死の要因はさまざまであるだろうが、日々起こっている見えない死と死者の問題とも隣り合わせである(本書第6章も参照)。

しかし、長い人類の歴史を見れば、こうした戦争や自然災害、自殺・事故等の社会的要因を伴う死

者の存在は、必ずしも二〇〇〇年代に特殊な現象とは言えない。ここでは戦争の死者にかぎらず、さまざまな慰霊にかかわる諸現象に目配りをし、そのなかで今日的と思われるような事例をいくつかピックアップしてみることにする。

株式会社リクルートが発行する月間の結婚情報誌『ゼクシィ』が運営する、「婚活」サービスのサイト「ホンネスト」に、縁結び・恋愛ジンクス・パワースポットを紹介するコーナーがある。そのなかで「【ネット婚活】一緒に行くだけで脈アリ？　恋愛ジンクス3選」として選ばれているものの一つが、「渋谷226事件の慰霊像前で告白すると成功する」というものだ(https://zexy-enmusubi.net/honnest/category/ 縁結び・恋愛ジンクス・パワースポット ?page=1437966052)。その説明をそのまま引いてみる。

渋谷226事件の慰霊像は、渋谷区役所のすぐ近くにある。一説では「渋谷駅から程遠い場所に立地しているため、その遠い道のりをついて来てくれるだけで脈あり」だという。確かに渋谷駅で待ち合わせをして歩くとなると、到着までに10分はかかる距離だ。相手を連れ出すことに成功すれば脈ありと言えるかもしれない。また、226事件の将校の霊が恋を応援しているのだとか。226との語呂合わせで「ふうふロック」とも言われている。

この慰霊像は、恋愛にご利益があるパワースポットとしてある程度の認知がなされているようで、芸能タレントで占い師の島田秀平によるパワースポットのガイドブック『島田秀平と行く！　全国パワースポットガイド　決定版!!』(二〇一〇年、講談社)には、「渋谷の有名告白スポット」として取り上

げられている。二〇〇三年二月二一日付『シブヤ経済新聞』には、「「噂」も消費するパワーゾーン――渋谷「都市伝説」はこうして生まれる?・」という特集が組まれて、この現象も取り上げられており、少なくとも二〇〇〇年代初頭にまではさかのぼれそうである。

しかし、「パワースポット」という名称こそ二〇〇〇年代的ではあるものの、無念を遺して非業の死を迎えた者の霊がたたりを及ぼしたり、祀りあげることによってご利益をもたらすとされる中世以来の御霊信仰の系譜にあるものとも言える。近世の江戸でも、そうした性格から流行神《はやりがみ》化するものは多く認められている（宮田 一九九三）。

他方で、いかにも今日的といえるものとしては、慰霊の場における情報テクノロジーの活用をあげることができるだろう。二節で触れた、広島と長崎の国立原爆死没者追悼平和祈念館には、被爆死者の写真やデータを検索して見ることができる端末が置かれている。また、公開可能な被爆体験記等がデータベース化され、被爆者の氏名・属性・被爆時の状況等から体験記の検索もできるようになっている。これらの情報から生き別れた知人との再会に至ったケースもある（西村 二〇〇六）。また、米軍兵も含め判明している沖縄戦で亡くなった二〇万人以上の死者の名前を刻んだ摩文仁の丘の「平和の礎」には、出身地や氏名から一一八基の刻銘碑のどこにその名が刻まれているか特定できる端末がある。

さらには、首都大学東京システムデザイン学部准教授（当時）の渡邉英徳は、二〇一〇年に研究室所属の学生・大学院生や高校生一万人署名活動のOBらとともに、「ナガサキ・アーカイブ」を作成・公開した。これは被爆者の体験や当時の写真をオンラインの地図に立体的に配置し、閲覧できるシス

テムで、翌年以降も更新を重ねて、現在に至っている。長崎にとどまらず、「ヒロシマ・アーカイブ」「沖縄平和学習アーカイブ」や、「東日本大震災アーカイブ」、インド洋大津波の「アチェ津波アーカイブ」など、国内外の自然災害の情報データベース化にも取り組んでいる。これらはAR（拡張現実）アプリとしても提供されており、その場所を実際に巡りながら、かつてそこで起こったことについて、タブレット端末やスマートフォンを使って参照・学習できるシステムが構築されている。「ヒロシマ・アーカイブ」の中には広島女学院中学高等学校の有志による「平和公園碑巡り」の動画も組み込まれており、マップ上の折り鶴アイコンをタップすると慰霊碑などの説明が聞けるような仕組みとなっている。

これらの取り組みは、これまでの慰霊の延長上でさらに実践を促進させるよう、今日的な情報テクノロジーを活用したものといえるだろう。それに対し、これまでの延長上とはいえないような慰霊空間への接近も見られる。二〇一七年八月五日、群馬県前橋市で七二年前に五三五名の犠牲者を出した前橋空襲の慰霊行事が、前橋市内各所でおこなわれていた。前年の二〇一六年からは午後二時二〇分に市内の寺院や神社、教会等で一斉に鐘や太鼓を鳴らすということも始められていた。そのうち前橋市千代田町にある熊野神社では慰霊祭の最中に、スマートフォン向けのARゲームである「ポケモンGO」の愛好者一〇〇名以上が携帯端末を操作しながら追悼碑や灯籠の置かれた境内に入り込み、参拝者から「節操がない」と苦情が出されたのだという（上毛新聞　二〇一七）。このゲームは「伝説のポケモン」など希少なゲームキャラクターを複数人で制限時間内に倒すという設定で、慰霊祭の開催時間と場所がちょうどそれと重なって起こった悲喜劇であった。

このARゲームをめぐっては、国内では広島の原爆慰霊碑や原爆ドーム、群馬県上野村の御巣鷹《おすたか》山で一九八五年に墜落した日航機の事故現場に立つ「慰霊の園」など、また海外でも、ポーランドのアウシュヴィッツにあるユダヤ人強制収容所跡地や、米国の戦没者墓苑であるアーリントン国立墓地などもアイテムの入手スポットである「ポケストップ」となったため、不謹慎な訪問者への対応に苦慮する様子が報道された。

他方、茨城県大洗町の大洗磯前神社では、毎年二月一七日に境内の軍艦那珂《なか》の忠魂碑前で忠魂祭がおこなわれるが、二〇一四年には従来の参列者に混じって、『艦隊これくしょん』(旧帝国海軍の軍艦を少女に擬人化したブラウザゲームとそのアニメ版、略称「艦これ」)のキャラクター「那珂」のファンも参列していたという(由谷 二〇一四)。

五　二一世紀の「慰霊の場」

戦後五〇年という半世紀の時間的隔たりによる慰霊や戦争体験継承の危機感を一つの契機として、この二〇年余り慰霊研究や戦争の記憶研究をはじめ、さまざまな試みがなされてきた。ここまで見てきた二〇〇〇年代の錯綜する慰霊の試みは、こうした時間的隔たりに起因する継承の困難に基づくものであったとも言える。言い換えるならば、戦争死者の慰霊が当たり前のこととしておこなわれていた段階から、歴史的なものとみなされる段階への移行という状況がある。フランスの歴史学者ピエール・ノラは記憶に関して、記憶が生き続けているのであれば記憶のための場を設ける必要はないが、

そこに痕跡や距離や媒体が介在することで、われわれは記憶を離れ、歴史のなかに置かれると主張している(ノラ 二〇〇二)。忘れられない生々しい出来事としての現実味が失われ、過去の出来事とみなされ始めているということでもあろう。このように、記憶がその本来の文脈を離れ、歴史的にある特定の場に置かれるようになるというノラの「記憶の場」の議論を敷衍すれば、二〇〇〇年代の慰霊の錯綜は、「慰霊の場」の問題となっているということも言えるかもしれない。そこでは、誰がどこでどのように慰霊するか(すべきか)ということが、たえず問い返されながら試行錯誤が続けられている。

もちろん死者との直接のつながりを有する当事者(遺族や戦争体験の共有者)もいるものの、一九四五年の敗戦時に一〇歳だった世代でも二〇〇〇年には六五歳となっている。その年の国勢調査のデータを踏まえれば、六五歳以上は約二二〇〇万人、日本の総人口の一七・三%であり、これらの人々がすべて当事者であったわけではないので、社会の圧倒的多数は非当事者となっている。

二〇世紀後半においては、直接の当事者を中心とした慰霊や記憶の継承が図られていたが、二〇〇〇年代とは、世代交代を伴うことで、継承母体が非体験者へと大きくシフトした時代と理解できるだろう。

四節で見たような慰霊の拡散現象は、直接の当事者世代が社会的にマイノリティとなり、それまでの歴史的コンテクストに基づいた二〇世紀的な慰霊・記憶の維持困難状況から生じたものと言える。そこで特徴的に見られることは、非当事者の側からの慰霊や記憶実践への再接近であり、かつ非体験世代にとって現実味の薄い歴史的事実への接近をサポートする、新たなメディアや情報テクノロジーの活用である。そのことによる副作用として、従来の慰霊や記憶の担い手たちが社会の多数派を占め

ていた時代においては決して許容されなかったような不謹慎な接続(「ポケモンGO」の事例)、あるいは「流用」(「パワースポット」としての渋谷226事件慰霊像前の事例)も生じているのである(西村 二〇一七)。

家族による供養儀礼が三三年や五〇年といった一定の区切りでおこなわれなくなる通常の死者と異なり、戦争や自然災害などによる死者は社会的な関心が継続する(あるいは断続的に再注目される)ため、世代を越えて儀礼が継続されることが多い。もちろん、戦後六〇年、七〇年という節目で、直接的な当事者である遺族の市町村単位の組織(遺族会)の解散とともに、慰霊祭を中止する事例も散見される。しかしながら、本章で取り上げたような慰霊実践の多くでは、継続の努力の一方で新たな問題に直面しているものもあった。日本という国が新たな戦争に直接的に関わることはないであろうという前提で言えば、今後こうした継承の困難は加速するだろう。それと同時に、現時点ではまだ想像もつかないような新たな形での接近・継承の試みも起こってくるかもしれない。

注

(1) 産経新聞社がFNNとの合同でおこなった世論調査において、安倍首相の靖国参拝を「評価する」と答えた二〇代が四三・二%、三〇代では五〇・六%となり、いずれも「評価しない」を上回った(産経新聞 二〇一四)。朝日新聞が事前におこなった世論調査では、参拝に「賛成」の二〇代が六〇%、三〇代以上で五九%となり、こちらも「反対」を大きく上回る結果となった(朝日新聞 二〇一三)。

参考文献

朝日新聞 二〇一三、一二月二八日付記事「質問と回答　朝日新聞世論調査「二〇代はいま」」。
硫黄島からの遺骨帰還のための特命チーム 二〇一〇、「硫黄島からの遺骨帰還のための特命チーム中間取りまとめ」(首相官邸ウェブサイト https://www.kantei.go.jp/jp/singi/ioutou/)。
河西秀哉 二〇一六、『明仁天皇と戦後日本』洋泉社。
笹幸恵 二〇〇七、『女ひとり玉砕の島を行く』文藝春秋。
産経新聞 二〇一四、一月六日付記事「首相の靖国参拝、二〇～三〇代は「評価」の声が多数」。
上毛新聞 二〇一七、八月六日付記事「前橋空襲七二年の慰霊行事、「ポケモンＧＯ」愛好者が大挙押し掛けトラブル…参拝者から苦情「節操がない」」。
西村明 二〇〇六、『戦後日本と戦争死者慰霊――シズメとフルイのダイナミズム』有志舎。
西村明 二〇一七、「シズメとフルイのアップデート」戦争社会学研究会編『戦争社会学研究　第一巻　ポスト「戦後70年」と戦争社会学の新展開』勉誠出版。
西村明 二〇一八、「トラウマから架橋へ――玉砕戦生還者の記憶がひらく新たな回路」田中雅一・松嶋健編『トラウマ研究1　トラウマを生きる』京都大学出版会。
ノラ、ピエール 二〇〇二、「記憶と歴史のはざまに」ノラ編、谷川稔監訳『記憶の場――フランス国民意識の文化＝社会史　第一巻　対立』岩波書店(原著 Pierre Nora(ed.), *Les lieux de mémoire*, tome1: *La République*, Gallimard.)。
浜井和史 二〇一四、『海外戦没者の戦後史――遺骨帰還と慰霊』吉川弘文館。
宮田登 一九九三、『江戸のはやり神』ちくま学芸文庫。
由谷裕哉 二〇一四、「アニメ聖地に奉納された絵馬に見られる祈りや願い(茨城県 大洗磯前神社)」由谷・佐藤喜久一郎共著『サブカルチャー聖地巡礼――アニメ聖地と戦国史蹟』岩田書院。
吉田裕 二〇一七、「「平成流」平和主義の歴史的・政治的文脈」吉田裕・瀬畑源・河西秀哉編『平成の天皇制とは何か――制度と個人のはざまで』岩波書店。

第4章　宗教判例の戦後と現在

住家正芳

二〇一〇年一月二〇日、最高裁は政教分離に関する違憲判決を下した（最大判平成二二年一月二〇日民集六四巻一号一頁）。空知太《そらちぶと》神社事件判決というものであり、同日に下された富平《とみひら》神社に関する判決（最大判平成二二年一月二〇日民集六四巻一号一二八頁）と合わせて砂川政教分離訴訟と呼ばれる。これは政教分離に関する違憲判決としては愛媛玉串料《たまぐしりょう》訴訟に続いて二件目となる。この空知太神社事件判決では、北海道砂川市が市有地に神社を設置することを許可し、その敷地を無償で使用させているのは憲法に定められた政教分離原則に違反するとされた。だが、同時にこの判決は砂川市に対して、敷地を神社の氏子集団に譲り渡すか有償で貸し付けるよう勧めてもいる。タダで貸すのは違憲だが、タダで与えるのは問題ないというのである。何とも奇妙な判決である。なぜこのような判決となったのだろうか。本章では、この判決を軸に戦後日本における宗教判例を概観することとしたい。

一　空知太神社事件判決

新聞報道によると、この空知太神社についての訴訟を起こした原告は、中学校の元教諭でクリスチャンである谷内栄《たにうちさかえ》である。二〇一〇年の最高裁判決時に七九歳の谷内は、戦時中は天照大神の札に毎日手を合わせ、一五歳で海軍航空隊のパイロットに志願して合格するなど、いわゆる「皇国少年」であった。入隊直前に終戦となり、玉音放送を聞いた時には「神の国を再建する」と泣いて誓ったが、翌年キリスト教に出会い、戦時中の世の中の異常さに気づいたという。空知太神社については、一九九一年に通勤の途中、神社の土地の所有者を砂川市の職員に尋ねたところ、「市の土地です」との答えだったことから問題に気づき、「政教分離は二度と神社が国と一体になってはならない戒めのためにある。行政はその意識をしっかり持つべきだ」と考え、二〇〇四年三月に提訴に踏み切った（『毎日新聞』二〇一〇年一月二一日、大阪朝刊二三頁）。

この市有地には、「空知太神社」と書かれた額の取り付けられた鳥居があり、その向こうに建物がある。鳥居をくぐったちょうど正面に当たる部分に「神社」と書かれた入口が設けられていた。この建物には並んでもう一つの入口があり、その上には「空知太会館」と書かれていた。「神社」と書かれた側の入口を入ると、祠《ほこら》が設置され、天照大神が宿るとされる鏡が御神体として収められていた。この神社には常駐の神職はおらず、また、宗教法人ともなっていない。付近の住民たちによって構成される町内会が氏子集団ともなり、神社の管理と運営を行ってきた。主要な祭事は初詣と春、秋の祭だが、そうした際には他の神社から宮司を派遣してもらい、おみくじや交通安全の札なども他の神社から提供されたものを販売していた。祭の時期以外は、建物は学習塾などとして使用されており、そうした学習塾としての使用などから町内会は使用料を徴収していた。氏子集団として建物を使用する

ことについても、氏子総代から町内会に使用料が支払われていたが、町内会から市に対して使用料が支払われることはなかった。

被告である市の側は、この神社の宗教性は希薄であり、憲法に反するものではないと主張した。だが、最高裁は、この神社は神社神道のための施設であり、その行事も宗教的行事として行われているとし、市がそうした神社に土地を無償で提供することは憲法八九条および二〇条一項後段に違反すると判決した。

ここで、憲法の規定する政教分離について確認しておこう。憲法に「政教分離」という文言そのものは書かれていないが、政治と宗教との分離に関連するとされるのが二〇条と八九条である。

第二〇条　信教の自由は、何人に対してもこれを保障する。いかなる宗教団体も、国から特権を受け、又は政治上の権力を行使してはならない。(一項)
何人も、宗教上の行為、祝典、儀式又は行事に参加することを強制されない。(二項)
国及びその機関は、宗教教育その他いかなる宗教的活動もしてはならない。(三項)

第八九条　公金その他の公の財産は、宗教上の組織若しくは団体の使用、便益若しくは維持のため、又は公の支配に属しない慈善、教育若しくは博愛の事業に対し、これを支出し、又はその利用に供してはならない。

最高裁の判決は、砂川市が市有地の上に無償で空知太神社を設置させていることは、二〇条の「いかなる宗教団体も、国から特権を受け、又は政治上の権力を行使してはならない」という条文と、八九条の「公金その他の公の財産は、宗教上の組織若しくは団体の使用、便益若しくは維持のため、〔中略〕これを支出し、又はその利用に供してはならない」という部分とに違反するとしたわけである。

この判決で最高裁は、憲法八九条の趣旨は国家と宗教が一切関係を持ってはならないというものではなく、「公の財産の利用提供等における宗教とのかかわり合いが、我が国の社会的、文化的諸条件に照らし、信教の自由の保障の確保という制度の根本目的との関係で相当とされる限度を超えるものと認められる場合に、これを許さないとするものと解される」とする。そして、そうした「宗教とのかかわり合い」が相当とされる限度を超えるかどうかを判断するにあたっては、問題となっている宗教施設の性格やこれまでの経緯に対する一般人の評価などを「社会通念に照らして総合的に判断すべき」とした。

空知太神社は集会場の中に祠が置かれており、外観が一般的な神社とは異なっているが、最高裁はこれを神道の施設に当たると見るほかはないとし、そこで行われている行事はあくまでも宗教的行事であり、氏子集団は宗教団体であるとした。そうすると、市が無償で土地を提供することは宗教的活動を行うことを容易にさせるものであり、「社会通念に照らして総合的に判断すると」、市と神道とのかかわり合いが相当とされる限度を超えた憲法違反の状態にあると判断されるとした。

憲法の政教分離原則を、国家と宗教の関係は何であれすべて許さないというわけではなく、ある程度は許容するものとして解釈すること自体は、この空知太神社事件判決に限ったものではなく、最高

裁が従来からとってきた立場である。ただ、その「ある程度」を判断する基準に関して従来の判例の決まり文句となっていた文言がこの判決からは抜け落ちていた。そのため、空知太神社事件の最高裁判決は、それが二例目の違憲判決であるというだけではなく、合憲性についての判断基準が、それまでの政教分離に関する判断基準と異なっているように見えることから、法曹関係者にとっては特に注目すべき判決となった。

二　目的効果基準

では、従来の判断基準はどのようなものだったのか。「目的効果基準」と呼ばれるのがそれで、政教分離について最高裁が戦後初めて判断した津地鎮祭事件の判決において示されたものである。津地鎮祭事件というのは、一九六五年一月、三重県津市が市立体育館を建設する際、同市の職員が進行係となって神道式の地鎮祭を行い、供物代や神官への謝礼を支出したことに対して、憲法に違反するとの訴えが起こされたものである。

一九七七年七月一三日の最高裁判決(最大判昭和五二年七月一三日民集三一巻四号五三三頁)はこの訴えをしりぞけ、地鎮祭は「習俗的行事」であって宗教的活動ではないとして、市による公金の支出を合憲とした。この判決で最高裁は、大日本帝国憲法においても二八条において信教の自由が認められてはいたものの、それは「安寧秩序ヲ妨ケス及臣民タルノ義務ニ背カサル限ニ於テ」という条件つきのものであり、国家神道に事実上国教的な地位が与えられ、信教の自由は不完全にしか保障されていな

かったとする。そのため、戦後の憲法の政教分離規定は国家と宗教との完全な分離を理想としたものであるとの認識を示した。

しかし判決は、それはあくまでも「理想」であり、現実にそれを実現することは不可能に近いとする。宗教は個人の内面だけではなく、教育、福祉、文化、民俗風習などの社会生活にもかかわるものであるため、国がこうした分野に関する助成を行おうとすれば、宗教とのかかわりは避けられず、政教分離を完全に貫こうとすると、「社会生活の各方面に不合理な事態を生ずる」というのである。もし宗教であることを理由に文化財保護の助成が行えないなら、それは宗教であることを理由とした差別になってしまうし、刑務所の受刑者が自らの宗教信仰に沿った教誨《きょうかい》活動を求めたとして、刑務所が公的施設であることを理由にそれを拒否すれば、刑務所の外に出ることのできない受刑者の信教の自由は大きな制約を受けることになってしまうというのが、判決の挙げる例である。

そこで、この判決で最高裁は、憲法の政教分離原則は、国家が宗教とのかかわり合いを持つことをまったく許さないわけではなく、「宗教とのかかわり合いをもたらす行為の目的及び効果にかんがみ」、そのかかわり合いが「相当とされる限度」を超える場合にこれを許さないものであると解釈した。逆にいえば、「相当とされる限度」までは、国は宗教とのかかわり合いを持ってもよいとしたのである。

そして、憲法二〇条三項において「国及びその機関」が行ってはならないとされる「宗教的活動」とは、「当該行為の目的が宗教的意義をもち、その効果が宗教に対する援助、助長、促進又は圧迫、干渉等になるような行為」であるとした。ある行為がこの宗教的活動に該当するかどうかの判断は、その行為が宗教家によって行われるかどうか、宗教の定める方式で行われるかどうかといった「当該

行為の外形的側面のみにとらわれることなく、当該行為の行われる場所、当該行為に対する一般人の宗教的評価、当該行為者が当該行為を行うについての意図、目的及び宗教的意識の有無、程度、当該行為の一般人に与える効果、影響等、諸般の事情を考慮し、社会通念に従つて、客観的に判断しなければならない」とした。「目的」と「効果」という文言から、政教分離に関するこの許容限度の判定基準は「目的効果基準」と呼ばれることとなった。

こうした基準を設定したうえで判決は地鎮祭について、「一般人の意識」においては「慣習化した社会的儀礼」、「世俗的な行事」として評価されているとし、その目的は「社会の一般的慣習に従つた儀礼を行うという専ら世俗的なもの」で、「その効果は神道を援助、助長、促進し又は他の宗教に圧迫、干渉を加えるものとは認められない」ため、憲法の禁じる宗教的活動には当たらないとした。

だが、この判決が示した目的効果基準については、すでに判決に付された反対意見で異議がとなえられている。判決に署名押印した一三名の裁判官のうち五名が「国家と宗教とのかかわり合い」が何を指すのかが明確でなく、そのかかわり合いが相当とされる限度を超える場合というのがどのような場合であるのかもあいまいであると批判した。反対意見が指摘したように目的効果基準があいまいであることは、その後、同じ事実を認定して同じ基準を用いているはずなのに結論がまったく異なるという問題を引き起こすこととなる。

三　目的効果基準以後の判例と「基準」としての問題点

政教分離に関する主な裁判としては、その後、自衛官合祀訴訟が起こされた。これは殉職した自衛官が山口県護国神社に合祀されたことをめぐって、キリスト教徒の未亡人がその取り消しを求め、合祀申請を行った社団法人隊友会山口県支部連合会と、その事務手続に協力した自衛隊山口地方連絡部を訴えたものである。政教分離に関して問題となるのは、自衛隊山口地方連絡部の職員による事務上の協力が憲法に禁じられた宗教的活動に当たるのかどうかということになる。一審と二審はこれを隊友会と共同で合祀申請を行ったものとみなして、宗教的な意義を有し、県護国神社の宗教を助長、促進する行為であるとした。だが、一九八八年六月一日の最高裁判決（最大判昭和六三年六月一日民集四二巻五号二七七頁）はこれを覆し、隊友会と自衛隊の行為を切り離して、自衛隊山口地方連絡部の職員が行った事務上の協力は、国が特定の宗教への関心を呼び起こして援助したり、他の宗教を圧迫したりするような効果を持つものと一般人から評価されるとは認めがたいとして、憲法に禁じられた宗教的活動ではないとした。この場合、自衛隊職員の行為を隊友会との共同行為とするか否かという点は異なるが、認定された事実関係は同じであり、用いられたのも同じ目的効果基準である。にもかかわらず、まったく逆の結論となったことになる。

その後、箕面《みのお》忠魂碑訴訟においても同じようなことが起きた。これは、大阪府の箕面市が小学校を増改築した際、隣接する忠魂碑を移転するために土地を購入して地元の戦没者遺族会に無償で提供し、移転のための費用も負担したことが政教分離に反するとして訴えられたものである。一審は、市の行為は、その目的が宗教的意義を持つと評価されてもやむを得ず、その効果も宗教活動に対する援助、助長、促進になることが明らかであって、憲法の禁じる宗教的活動に当たるとした。しかし、二審は

これを否定し、最高裁（最三小判平成五年二月一六日民集四七巻三号一六八七頁）も、市の行為の目的はもっぱら世俗的なものであり、宗教的活動には当たらないとした。

こうした、国や地方公共団体の活動を宗教的活動とはみなさない最高裁判決が続いたことから、目的効果基準による宗教的活動の判定はきわめて甘いと批判されることが多かった。たとえば、代表的な憲法学者であった芦部《あしべ》信喜《のぶよし》は、「判例のほうが日本の文化・社会的条件に適合しているのだという見解も有力ですが、憲法の原則を明治憲法時代の国と宗教とのかかわり合いの沿革をも考慮に入れて考えますと、やはりもう少し厳しく信教の自由と政教分離の関係を再検討する必要があるのではないかと思われるのです。これが学界では通説です」（芦部 一九八七、一七四―一七五頁）と、政教分離原則が判例では厳格にとらえられていないことを批判した。

最高裁が目的効果基準を用いて初めて違憲判断を下すのは、一九九七年四月二日の愛媛玉串料訴訟に対する判決（最大判平成九年四月二日民集五一巻四号一六七三頁）においてである。これは、愛媛県が公金から靖国神社および愛媛県護国神社に玉串料や供物料などを支出したことが政教分離原則に反するか否かが争われたものである。県は、この支出は戦没者の慰霊および遺族の慰藉という世俗的な目的で行われた社会的儀礼にすぎず、憲法違反ではないと主張した。これに対して最高裁は、宗教団体であることが明らかな靖国神社や護国神社の境内で、神道の儀式で行われる祭祀に奉納される玉串料などを、一般人が宗教的意義の希薄な慣習化した社会的儀礼とみなしているとは考えにくいとして、県の行為の目的には宗教的意義があるとした。また、他の宗教団体が行う同じような慰霊儀式に対して、県が公金を支出した事実がないことから、県が靖国神社などの特定の宗教団体と特別のかかわり合い

を持ったことは否定できず、その効果は特定の宗教に対する援助、助長、促進になるとした。

この裁判でも一審は県による公金の支出の目的が宗教的意義を持つとしたのに対して、二審はそれを否定し、その効果も靖国神社の戦前の地位を復活させたり神道を援助、助長したりするものではないとしており、同じ事実に対して同じ基準を適用しているはずなのに結論が異なっていた。最高裁判決は目的効果基準が厳格に適用されたものとされたが、基準を適用する際に厳格な場合とそうでない場合があるのでは、恣意的な運用を避けることはできず、そもそも「基準」としての用を果たしていないともいえる。

また、目的効果基準は、憲法の政教分離規定が国家と宗教とのかかわり合いをある程度許容しているとの理解を前提として、ではどこまでが許容されるのかを判定しようとするものであるが、こうした前提は妥当なのだろうか。国家と宗教との分離を理想として棚上げし、「宗教」の範囲を狭くとらえることで、実質的に国家と宗教とのかかわり合いを許容することになっており、これでは政教分離はなし崩しになってしまうのではないのだろうか。こうした問題点を指摘したのが愛媛玉串料事件における最高裁判決の高橋久子裁判官による補足意見である。高橋もやはり目的効果基準のあいまいさを指摘する。「社会的・文化的諸条件」とは何か、「相当とされる限度」とはどの程度を指すのか、ある行為が宗教的活動に該当するかどうかを判断する際には、その行為の見た目だけではなく、一般人の宗教的評価、当事者の意図、目的、宗教的意識の有無、程度、さらにはその行為が一般の人に与える効果、影響等を、「諸般の事情を考慮し、社会通念に従って、客観的に判断しなければならない」というが、こうした点について、具体的に何をどう評価するのか。

たしかに、「当該行為の目的が宗教的意義をもち、その効果が宗教に対する援助、助長、促進又は圧迫、干渉等になるような行為」という「宗教的活動」の定義からして、ではその「宗教的意義」はどのように認定されるのか、それを持つか否かはどのように判定するのか、そしてどこからが援助や助長、あるいはその反対の圧迫や干渉になるのかといった疑問が次々と生じてしまう。

四　空知太神社事件判決と「総合的な判断」

このように、目的効果基準についてはいくつもの問題点が指摘され、異論もとなえられていた。そうしたところに、本章冒頭で紹介した空知太神社事件での最高裁の判決では、津地鎮祭訴訟の参照は示されていたものの、目的と効果の観点から「宗教的活動」を規定する部分が書き込まれず、国と宗教とのかかわり合いについて述べた部分でも「目的」や「効果」といった言葉が用いられなかった。そこで、この判決は従来の目的効果基準を変更あるいは破棄したことになるのかが議論となった。

判決についての最高裁判所の調査官による解説は、目的および効果という着眼点がまったく考慮されていないわけではなく、政教分離に関する従来の最高裁判例と異なってはいるが、連続する側面も多いとする。この判決の意義は、従来の目的と効果という着眼点を硬直的にとらえず、「事案に即した多様な着眼点を抽出し、これらを総合的に検討して憲法適合性の判断をするという、より柔軟かつ事案に即した判断基準へと、従来の判断基準を深化させたところ」(清野 二〇一四、四二頁)であるという。

さらに、空知太神社事件判決の半年後に出された政教分離に関する判決で最高裁は、「目的」と「効果」という文言を用いている。これは白山比咩《しらやまひめ》神社事件と呼ばれるもので、白山比咩神社の鎮座二千百年を記念する大祭のための奉賛会の発会式に白山市長が公用車を使って出席し、祝辞を述べたことが憲法の政教分離原則に違反するとして起こされた訴えである。二〇一〇年七月二二日、最高裁は目的効果基準を明示はしなかったものの、市長の行為は社会的儀礼を尽くす目的で行われたものであり、特定の宗教に対する援助、助長、促進になるような効果を伴うものでもなかったとして、「これらの諸事情を総合的に考慮すれば」合憲であるとした(最一小判平成二二年七月二二日判時二〇八七号二六頁)。

この判決については、「実質的には目的効果基準を用いた判断がなされた」(田近 二〇一五、一二頁)という見方がある一方で、目的効果基準が基準として適用されたのではなく、判決が「諸事情を総合的に考慮」すると述べるような総合的な判断の中で「目的」や「効果」は判断の指標の一つとして示されているに過ぎないとする見方もある(榎 二〇一二、一三八頁)。たしかに空知太神社事件判決でも、「当該土地が無償で当該施設の敷地としての用に供されるに至った経緯、当該無償提供の態様、これらに対する一般人の評価等、諸般の事情を考慮し、社会通念に照らして総合的に判断すべき」とされていた。

ここでふれられている「経緯」に関して、空知太神社の土地には、やや込み入った事情があった。もともと神社には一八九七年に北海道庁から土地が貸し下げられた。戦後、隣接する小学校の増設にともなって移転する必要が生じたところ、地域の一住民が移設先として自らの私有地を提供した。し

かし、この住民は神社の土地にかかる固定資産税を負担し続けることになったため、その負担を避けるために当時の砂川町に土地の寄附を申し出、一九五三年に町議会に認められた。町議会は同時にこの土地を神社のために無償で使用させる議決も行った。さらに一九七〇年に市の補助金を受けて、この土地に集会場が作られ、その際、神社の施設は取り壊され、集会場の建物の中に祠が移設された。

こうした経緯から最高裁は「例えば、戦前に国公有に帰した多くの社寺境内地について戦後に行われた処分等と同様に」、この神社の土地を無償か有償で譲与するか、賃料をとって貸し付けることで違憲状態を解消することができるとアドバイスした。「社寺境内地について戦後に行われた処分」というのは、現行憲法施行直前に出された「社寺等に無償で貸し付けてある国有財産の処分に関する法律」(昭和二二年四月法律五三号)のことである。事情は明治維新の頃にさかのぼる。維新後、版籍奉還によって諸大名の領地と領民が朝廷に返還されたが、社寺領についても国有化する命令が出された。そのため、寺社の境内は国から無償で貸し付けるかたちとなっていた。戦後、現行憲法が施行されるにあたって、無償で貸し付けている状態の合憲性が問題となるため、境内地を無償または半額で売り渡すことで問題を解消しようとしたのである。

空知太神社事件判決は、市有地に無償で神社が存在することを違憲状態と判断したわけだが、違憲状態であるからといって、ただちに神社関連の施設を撤去させるようなことをすれば、「氏子集団の構成員の信教の自由に重大な不利益を及ぼすものとなることは自明である」との配慮も示す。そこで、こうした点も「総合的に」検討して、判決は違憲状態を解消するための手段の一例として、土地の譲与をアドバイスしたわけである。実際に同じ日の判決で最高裁は、似たような事情を抱えた富平神社

に砂川市が土地を無償で譲与したことについて、「総合的に判断すると」合憲であるとしている。

こうした「総合的な判断」については、「それぞれの事案ごとに、具体的な事情を汲んだうえで、宗教とのかかわりあいの社会的な相当性を判断した方が、より説得的で適切な判断ができるように思われる」(田近 二〇一五、六頁)という見方もあるが、総合的な考慮や検討というのが具体的にどのような判断の過程を指すのかははっきりせず、その点では目的効果基準以上に不明確であり、説得的であろうとしても一筋縄では行かない。

現に、空知太神社事件判決の堀籠幸男《ほりごめゆきお》裁判官による反対意見は、「社会通念に照らして総合的に判断する」という点について多数意見に賛同しつつも、空知太神社の宗教性のとらえ方に異議をとなえる。堀籠の見るところでは、神社は地域住民の生活の一部となっており、「創始者が存在し、確固たる教義や教典を持つ排他的な宗教」と同じ「宗教」として同列に扱うべきではない。空知太神社はふだん人目につかないような状態で建物の一角に祠が納められている状態であり、「宗教性がより希薄であり、むしろ、習俗的、世俗的施設の意味合いが強い施設」であって、そのような神社での行事に多数意見のように宗教的な意義を見出すことは「国民一般から見れば違和感がある」という。そして、こうした認識や神社の土地が市有地となった経緯といった諸事情を総合すると、市による土地の無償提供を違憲とすべきではないとする。堀籠にしてみれば、多数意見は「日本人一般の感覚に反するものであり、到底賛成することはできない」のである。

こうした神社の宗教性を希薄とする見解に対して、藤田宙靖《ときやす》裁判官の補足意見は、空知太神社は純粋な神道の施設であることが明らかであるとする。藤田裁判官の意見では、目的効果基準が必要なの

は、問題となる行為において宗教性と世俗性が混在している場合に、そのどちらを重視するかを決定するためであって、空知太神社のように宗教であることが明確な場合は目的効果基準を適用する以前の問題であるという。また、近藤崇晴《たかはる》裁判官の補足意見は、たしかに空知太神社のような独立した社殿もない小さな神社は、憲法の政教分離原則が想定しているかつての国家神道のような国によって政治的に利用される危険性のある宗教ではないという主張も理解できなくはないが、「弊害を生ずる危険性の大小によって違憲か合憲かの線引きをすることは、困難であり、適切でもない」とする。

空知太神社はその後、市が賃料をとって敷地を貸すかたちとなり、そうした措置の適否も裁判で争われたが、最高裁は合憲としている(最一小判平成二四年二月一六日民集六六巻二号六七三頁)。

五　おわりに

政教分離に関するこれまでの日本の裁判は、もっぱら神道にかかわる事柄が「宗教」であるか否かが議論されてきたといえる。違憲を訴える側はそれが「宗教」であることを主張し、合憲判断を引き出したい側は「社会的儀礼」や「慣習」であると論じてきた。宗教であるからこそ政教分離の問題となっているのだと考えれば奇妙な論争であり、「国家神道」と表現される戦前の神道が「実際には宗教として機能しながら、近代国家の制度上のタテマエとしては、儀礼や習俗だと強弁されることになった」(安丸 一九七九、二〇九頁)という「日本型政教関係」が存在し続けているようにも見える。ただ一方で、憲法の政教分離原則は完全な分離を規定したものではないとの見解もあり(大石 二〇〇〇、一

四一―一四二頁）、「最高裁の判例は、その結論においては、我われの社会生活に即した妥当なものだったように思われる」（田近 二〇一五、一四頁）ともいわれる。

政教分離に関して最高裁は「一般人の評価」を考慮するかたちで判決を下してきた。それが本当に「一般人の評価」を代表しているかどうかは立場によってまさに評価の分かれるところではあるが、本文に付された補足意見や反対意見も含めて、判決は宗教に対するその時々の「一般人の評価」の幅を示すものであるとはいえよう。

参考文献

芦部信喜 一九八七、『憲法判例を読む』岩波書店。

榎透 二〇一二、「政教分離訴訟における目的・効果基準の現在」『専修法学論集』一一四。

大石眞 二〇〇〇、「イメージとしての「政教分離」論を問う」大石眞・桐ヶ谷章・平野武編著『憲法20条』第三文明社。

清野正彦 二〇一四、「判例解説」『最高裁判所判例解説民事篇平成二二年度（上）』一頁、法曹会。

田近肇 二〇一五、「判例における政教分離原則」『宗務時報』一二〇。

安丸良夫 一九七九、『神々の明治維新』岩波書店。

二　宗教の「公益性」をめぐって

【争点2】 金儲け？　それとも無私の奉仕？

西村　明

宗教法人は非課税なのか？

「坊主丸儲け」という言葉がある。僧侶が、国民としての義務である納税を免れているという前提で、皮肉とも羨望ともつかない感情を込めて使われることが多い。『広辞苑』第七版では、「坊主は経を読むだけで布施がもらえ、元手いらずで儲けることができる」と説明してあり、資本も経費も必要とせず、収入がすべて儲けとなるという意味合いが原義のようだ。しかし、一般には認識が薄いが、宗教法人もそこに所属する僧侶などの宗教者も、全くの非課税であるわけではない。もし法人に「儲け」が出れば、一般の企業と同様に法人税が発生し、僧侶らが寺院などの所属法人から給与として受け取る部分には、サラリーマンや自営業者と同様に所得税が課されている。

ただし、一般とは異なる部分も存在する。それが宗教としての本来の活動に対する非課税である。これは宗教活動の必要経費として信者から集められたもので、僧侶などの宗教者の懐に収まる前提のものではないため、課税の対象とはされていないのである。もちろん収益事業の所得については課税されるが、一般の営利法人に比べれば税率は軽減されている。また、他の公益法人と同じく収益事業から非収益事業に一部資金を充当できる「みなし寄付金制度」がある。そうした点が拡大解釈されて、現状の税制の上でも「丸儲け」と見えてしまうのだろう。

しかし、そうした認識を与える要因は、それればかりではない。本書争点3に言及したような葬儀や法要での布施や戒名料が生活一般の経済的ものさしに乗らず不透明であることに加え、宗教活動に対する税制上の優遇を悪用した事件が、時々マスコミで取り上げられることも大きく影響していよう。例えば、二〇〇九年六月に新聞各紙やテレビのニュース報道で取り上げられた宇宙真理学会の所得隠し事件がある。

これは、香川県多度津町を本部とする宗教法人宇宙真理学会が、関東・中部の五つの県で二三軒のラブホテルを実質的に経営し、宿泊料や休憩料の四割を「お布施」として売り上げから除外していたとして、関東信越国税局から約一四億円の所得隠しを指摘されたものである。これらのホテルのうち長野市内のホテルには、出入り口に観音像が建ち、「宗教法人　宇宙真理学会」の看板や、「喜捨をお願いします」「世界の恵まれない子供たちに手を差し伸べ、少しでも多くの幼い命を救うために」といったプレートなども掲げられていたという(毎日新聞 二〇〇九)。

しかし、宇宙真理学会そのものは、一九八三年に設立されたのち実質的な宗教活動がなくなった休眠状態のままで、名義の上でのみ宗教法人として登録されていた。それを一九九四年に長野県千曲《ちくま》市の食品会社が買収し、実質的にホテル経営の隠れ蓑に利用したと見られている(なお、同法人は二〇一七年七月に破産手続開始の決定を受けている)。

宗教法人に課税すべきか?

こうした制度の悪用が目立つなかで、宗教法人に課税すべきという論調も聞かれる。とりわけ国家財

政の逼迫に伴う、財源の確保や税制の見直し、予算執行の精査が進むなかで、二〇一〇年代には特に大教団を中心とした課税がありうべきオプションとして雑誌などで議論されるようになっている。

例えば、ジャーナリストの山田直樹は、先の宇宙真理学会の事件を踏まえつつ、「原則「非課税」ラブホ経営もできる「巨大集金装置」「宗教法人」に課税せよ！」という記事を『週刊新潮』に寄せている(山田 二〇一〇)。山田は、そこで公益事業としての宗教活動の「非課税」や、関連の収益事業の「低率課税」を宗教法人の「ウマ味」と呼び、資産ベースの課税がないために潤沢な資産形成がなされているといくつかの大規模新宗教教団のエピソードを元に論じている。その上で、「財源不足が極まる中、非課税特権は莫大な〝埋蔵金〟ともなりうる。改めて言う。「宗教法人」に課税せよ！」と記事を結んでいる。また、別の記事では、一般と同様に課税した場合、年間四兆円規模の税収増になると算出している(週刊ポスト 二〇一二)。

元国会議員秘書の佐藤芳博は、民間法人が道路整備などに応分の税負担をしているように、宗教法人も社会全体を支え合う制度の一員として公平に税負担をするべきであると主張し、固定資産への課税や収益事業の優遇税制の見直し、さらには非課税科目についても再検討を求めている。一方で、「経済的に恵まれない小さな神社や寺、教会などは原則非課税にするという細やかな配慮も必要」としながら、他方で、「税の申告漏れや脱税、不適切な収益事業の実施など、宗教法人の管理運営をめぐる不祥事が相次ぎ、さらに非課税特権を逆手にとってボロ儲けする〝金満教団〟も跳梁跋扈している」と述べて、「宗教法人優遇税制」の見直し時期に来ているという認識を示している(佐藤 二〇一三、一〇七頁)。

こうした宗教法人への課税強化の議論に対して、税法学者の田中治は宗教法人への非課税措置は優遇

でも特権でもないと述べる。日本の法人税制において、税を担う能力(担税力)は法人にではなく、個人にあると考えられており、個人株主の利潤の獲得を目的として設立される株式会社において、法人税が課されるのは個人所得税の前どりとして行われる措置だという。それに対し、宗教法人のような公益法人の非収益事業は、個人の利益として個人に配分するものではないので、前どりという措置の対象外となる。また、収益事業の軽減税率については、法の考え方は必ずしも明確ではなく、課税方法にはいくつかのヴァリエーションがあることを示した上で、担税力の視点からではなく、営利企業との公正競争の視点を徹底して優先させた場合には、軽減税率の縮小・廃止の可能性もあることを示唆している。加えて、課税をとおして国家の支援を求めることや、公益性や非課税措置を規制強化に直結させたり、課税の公平を強調するあまり課税庁の権限強化を導いたりすることに注意を促している(田中 一九九六)。

この田中の理解に照らしてみれば、宗教法人への課税強化を訴える人々の前提として、税負担の公平性が強調されていることと同時に、宗教法人および宗教活動を営利企業の経済活動などと同列にとらえていることが見てとれる。それは、あくまで国の財政を考える視点からのものであり、経済的尺度で宗教組織の価値を算定しようとするものと言える。例えば、佐藤の場合、「国の財政事情が極めて厳しい状況」に基づいた「応分の納税」の観点から税制改革の問題として宗教法人への課税を主張していて、あくまで主軸は国家の財政問題である(佐藤 二〇一二、二〇九頁)。佐藤は著書『宗教法人税制「異論」』の中で、「坊主は丸儲けだから課税すべきだとの意見」や「宗教批判のためにする議論」に対して一定の距離を取り、個人的な信仰体験に触れて「信教の自由を守ることを大前提」と留保しているものの、その自由が保障された背景に国家による宗教に対する介入の歴史があったという点については十分自覚

されているとは言い難い（佐藤 二〇二二、一〇頁、二四七頁）。

一方山田は、著書『宗教とカネ』の冒頭で宗教を「有力なサービス産業」ととらえ、コラムにおいて、「古くからある寺社はカネ儲けがヘタ」と述べ、「莫大な資金を背景にした新宗教と、金儲けの術を持たず経済的に衰退し続ける伝統教団の差は歴然」とする（山田 二〇二二）。ここでは、個々人の宗教活動や宗教的救済に関わる次元は度外視され、宗教の教団活動としての成否は、経営的ものさしに還元されて理解されている。

伝統宗教の生存戦略？

もちろん、宗教教団も社会的組織であるという点からすれば、経営という視点が欠かせないことには異論はないだろう。宗教者の理想的イメージの一つとして、俗世を離れた隠遁者の像があるかもしれないが、霞を食べて生きられるわけではなく、慈悲・慈善の視点からの救済・奉仕活動をするとなれば、何の元手もなくできるわけではない。伝統宗教においては、カネ儲けがヘタと言われながらも、宗教者が転業や廃業をせずに宗教施設や宗教活動が維持されてきたのはなぜであろうか。

櫻井義秀は、『霊と金——スピリチュアル・ビジネスの構造』において、伝統教団では「宗教的職能者の生活を最低限維持するところに宗教的対価は落ち着いている」と述べる。そして、伝統宗教や新宗教などの組織宗教は宗教者を身分保障して生業として成り立たせるために、そうした宗教的対価の安定性と社会的承認を重んじ、長期的な関係構築に基づいた経営戦略になっていることを指摘する。

一般消費財の場合、商品同士を比較して安い時期に安い店で買うということができる。それに対して、

伝統宗教が提供する宗教的サービスは、信徒にしか提供されない前提であるため、他宗派・非信者を含めた透明性を確保する必要がなく、お布施の相場は公表されない建前となってきた。言い換えれば、市場原理に基づいていないということになる。しかし、現状としては争点3で触れたように市場原理にさらされており、それについては櫻井も同様の認識を示している。

その上で、現在における神社、寺院、教会の経営状況を次のように説明している。文化庁宗務課の統計によれば、日本の宗教人口は(氏子と檀徒、新宗教の信徒などのカウントの重複を含めれば)二億一〇〇〇万人であり、教師数(宗教者数)は六五万人である。タイ国民が上座仏教の僧侶を支えている状況と比較をすれば、人口規模からは適当な割合である。しかし、身銭を切って寺社・教会を支える信仰者数は、統計数値の一〇分の一以下だと考えられるため、日本の宗教者とその家族(タイ仏教の僧侶は独身である)の大半は、信徒の布施や献金で暮らしていくことができない。その結果、神主・僧侶・牧師は多くの場合、兼業者であり、諸教の教師たちは大半が生業を別にもっているという事態となっている。

櫻井はさらに、近年伝統宗教が共有する課題として、地域や伝統的家制度に基盤をもつ神社や寺院は過疎化と少子化によって安定的な経営基盤を失って無住化し、「限界神社」や「限界寺院」となる可能性があることを指摘している。宗教的召命(使命)感がなければやれないほどに宗教市場における伝統宗教のパイは少なくなっており、新宗教にしてもオウム真理教事件以降は新規の信者獲得が困難になっている。このように、教団組織の成長こそが宗教的救済の証しであるとする戦略が手詰まりとなるなか、それに代わって宗教的教説や儀礼を換骨奪胎したスピリチュアル・ビジネスが登場しているのだという(櫻井 二〇〇九)。

こうした伝統宗教をはじめ新宗教も含めた教団型宗教の置かれた状況を踏まえながら、宗教法人への課税問題に立ち返ってみよう。そうすると、社会構造の大きな変化のなかで国家のあり方も、各宗教教団のあり方も、それぞれ抜本的とも言える対応を迫られている現実が見えてくる。その際、考慮をしなければならないのは、ある程度の変化については受け入れざるを得ない、あるいは積極的に変化を果たす必要があるとしても、そこを越えたら宗教ではないという一線がいったいどこなのかというところである。課税議論が翻って、宗教を宗教たらしめてきた部分を侵食してしまい、結果として長期的な持続が果たせなくなるようであれば、当初の目論見にあった税収そのものも霞のように消えてしまいかねないだろう。そのためにも、人々が宗教に何を求めてきたのかという部分を踏まえない議論は、いずれの側にも危ういものとなるはずである。

参考文献

櫻井義秀 二〇〇九、『霊と金——スピリチュアル・ビジネスの構造』新潮社。
佐藤芳博 二〇一二、『宗教法人税制「異論」』現代企画室。
佐藤芳博 二〇一三、「年間3・5兆円とも言われる税制優遇を見直す時期だ」『SAPIO』二〇一三年三月号(通巻五三五号)、小学館。
週刊ポスト 二〇一二、「小沢一郎構想を財務省が〝利用〟した⁉ 宗教法人課税4兆円増収計画——これで消費税増税は必要なし⁉」『週刊ポスト』二一七九号、小学館、四七—四九頁。
田中治 一九九六、「宗教法人課税の基本的争点——宗教活動の非課税は特権か」京都仏教会編『宗教法人法「改正」と税制——宗教法人の自主性を確立するために』。

毎日新聞 二〇〇九、「所得隠し――ホテル休憩料を「お布施」」二〇〇九年六月九日、東京夕刊九頁社会面。
山田直樹 二〇一〇、「原則「非課税」ラブホ経営もできる「巨大集金装置」「宗教法人」に課税せよ！」『週刊新潮』二七四五号、新潮社、四四―四七頁。
山田直樹 二〇一二、『宗教とカネ』鉄人社。

第5章　大震災後の宗教者による社会貢献と「心のケア」の誕生

高橋　原

一　はじめに

東日本大震災が起った二〇一一年以降、被災地や病院の緩和ケア病棟などで活動する宗教者の姿が多くのメディアで取り上げられ、「宗教者による心のケア」という表現が違和感なく用いられるようになってきている。公共空間で心のケアを提供するという「臨床宗教師」の養成講座が各地の諸大学機関に相次いで設置され、全国組織による資格認定も開始されている。本章では、超高齢多死社会の進行を背景に、大震災をきっかけとして「心のケア」という領域が誕生したことで、「宗教」と「臨床」との接近とそれに伴う宗教者のアイデンティティ問い直しの動きが生じた経緯を論じる。(1)

二　「心のケア」とは何か

「心のケア」という言葉は、一九八〇年代半ばから、がん告知に関連する新聞記事などに使用例が

見られるが、この言葉は、一九九五年の阪神・淡路大震災をさかいに急速に浸透したもののようである。この震災は日本人のあいだに共同体感情を覚醒させ、支援活動も多くのボランティアによって支えられた。精神科医の中井久夫によると、「心のケア」は、震災に関連して生じた「心的外傷に対するケア」を言うときに、現状維持や向上を意味する「精神保健」あるいは「メンタル・ヘルス」という概念ではぴったり該当しない、その空白を補うために出てきたという(中井 二〇一一)。

精神科医の安克昌が、阪神・淡路大震災では芸能人の慰問さえも「心のケア」と呼ばれていたと証言しているとおり(安 二〇一一、二三〇頁)、もともと「心のケア」とは、専門的知識を持たない素人ボランティアにも担い得る(あるいは担わざるを得ない)雑多な営みをまとめて指す、輪郭のあいまいな言葉であり、心理カウンセリングの言い換えではなかった。今日、この言葉が用いられる典型的な文脈は、学校で起きた災害、事件、事故に伴う児童生徒の急性ストレス障害(ASD)や外傷後ストレス障害(PTSD)への対応や、がん患者のストレスへの対応の必要性を説明する文脈であろうが、そこでも、専門家ではない教員や家族などが、想定される「心のケア」の担い手に含まれている。「心のケア」とは医師や心理士だけではカバーしきれない領域であるという認識が一般に共有されていると言ってよい。

三 大震災と宗教者

東日本大震災後に、被災地域内外の宗教者がさまざまな形で支援活動に取り組んだことはよく知ら

れている（稲場・黒崎編著 二〇一三）。宗教施設が避難所として地域住民に開放されたケースや、宗教者のボランティアによる泥かきやがれき撤去、炊き出しなどの活動が、さまざまな形で報道されてきた。そして、阪神・淡路大震災では宗教者がいわば素性を隠してひっそりと支援活動を行なったのに対して、東日本大震災では、宗教者が堂々と連携し、長期にわたって被災者に寄り添ったと指摘されている（三木 二〇一五、二五―五四頁）。

この長期的な支援の代表的なものが仮設住宅への訪問活動であり、震災から七年以上を経て、住民が仮設住宅から復興公営住宅へと生活の場を移しても、なお続けられているものもある。仏具配付の形をとっての戸別訪問や、集会所において開催されるお茶飲み会など、さまざまなアプローチがあるが、その中心に据えられるのは話を聴くことである（藤丸 二〇一三）。筆者も僧侶の戸別訪問に同行したことがあるが、袈裟姿の僧侶が室内に招き入れられ、仏壇を拝み、三〇分、一時間と日々のあれこれについての話に花が咲くというのは珍しい光景ではない。僧侶であることが住民の側の心の敷居を低くし、震災に伴う喪失体験が涙とともに語られることもある。このような関わり方がしばしば「傾聴活動」と呼ばれ、「グリーフケア」の役割を果たしていることが見てとれる。

テレビの報道番組などでこのような宗教者の活動が紹介される時に、しばしば「心のケア」という言葉が用いられる。明確な定義を意識してはいないだろうが、「心のケア」はさまざまな人々によって担われるものであり、宗教者もその担い手の中に違和感なく数えられるという認識が一般的なものとなっているようである。

宗教者たちの担う「心のケア」は傾聴活動だけに限定されるものではない。多数の死者を出した東

日本大震災直後の混乱期には、十分な葬儀を行なうことができなかった遺族のために、遺体安置所や火葬場等で読経ボランティアが行なわれた。仙台市の市営斎場では、身元不明者にも対象を拡大して、宗教宗派を超えた合同事業の形で慰霊行事が実施された。これは、動揺する遺族の心の安定に宗教儀礼が有効であることが公に認められたことを示すものであった。また、宗教者の側にとっても、「心のケア」を目的とする宗教宗派の垣根を超えた活動が有意義であることを確認した出来事であった。これを発端として、死者の弔いや遺族の悲嘆ケア等の被災者支援を目的に、医療と宗教の協働を目指す「心の相談室」が生まれ、後の「臨床宗教師」養成事業の母胎となった（鈴木 二〇一六）。

名取市職員の木村敏は、真宗大谷派の僧侶でもあったが、遺体安置所運営の凄惨な業務の中で金縛りを体験し、死者の面影が目に浮かんで消えなかったという。同じような体験をしてきた人々の心を落ち着かせるためには区切りとなる儀式が必要であると考え、自ら陣頭指揮をとり、震災後一〇〇日目の節目に、名取市主催の合同慰霊祭を実現させた(2)。この慰霊祭には仏教僧侶による読経と焼香も組み込まれていたが、これも宗教者の営みが「心のケア」に有効であると認められた一例と言ってよい。

このように、二度の大震災を経て、心のケアという概念は、傾聴活動から追悼慰霊行事までをも含む宗教者たちのさまざまな活動を包摂するものとして浸透し、宗教者の側にも自分は心のケアの一端を担い得る当事者であるという認識が広く受け入れられるようになってきたと考えられる(3)。

四　超高齢多死社会の進行

一方、宗教者と心のケアの結びつきは、大震災とはまったく別の、超高齢多死時代の医療と看取りという文脈においても進行してきた。二人に一人がガンに罹ると言われ、膨れ上がる医療費を抑制することが課題となって地域包括ケアシステムが提唱されるなかで、良質な在宅医療と看取りをどのようにして確保していくのかというときに、それを支える人材として宗教者にも注目が集まっている。

宮城県で在宅医療専門のクリニックを開いた岡部健医師は、人の生き死にを病院が囲い込んだ結果、土地の文化や、患者個人の生活史や宗教性を基盤とする看取りを行なう力が家庭や地域社会から失われてしまったと指摘する。そうしたものがかろうじて残っていたのは昭和四〇年代までであり、それを下支えしていたのが地域の宗教者（具体的には仏教僧侶）であったのではないかというのが岡部医師の見立てである（奥野 二〇一三）。

人々の不安を取り除くために話をする相手が必要であるという問題意識は、たとえば、「ことばの処方箋」を出すというメディカルカフェ「がん哲学外来」の運動においても共有されている（樋野 二〇一六）。そして、そのような局面で、宗教が蓄積してきた人間の生と死に関する知恵を積極的に参照すべきであるという認識から、看護師などの医療職を対象とした講座でも、先端的医療倫理の問題とともに、宗教に関するテーマが扱われることが多い。この分野は、死生学、グリーフケア、スピリチュアルケアといった名称のもとで、世俗的なケア従事者が学ぶ実践的学問分野として定着しつつある（清水・島薗編 二〇一〇、竹之内・浅原編 二〇一六）。しかし、岡部医師は被災地での経験を踏まえて、人々が「奥深いところの訴え」を投げかけるのは医療従事者ではなく宗教者に対してである、と語っている。そこには、不安を抱える患者家族の言葉に耳を傾け、心構えを説く宗教者の役割のやや過大

な評価や理想化が感じられるが、彼が提唱するのは、過去の時代に回帰してそれを一手に宗教者に負わせようというのではなく、「チームケア」に宗教者も参加してはどうかということである。

いわゆる終末期医療の現場において患者家族等をサポートする役割を宗教者が担うことは今に始まったことではなく、欧米にはチャプレンの制度が定着している。日本でも、キリスト教系のホスピスに牧師や修道女が常駐していることは珍しくなく、仏教系でも、一九九二年に新潟県に長岡西病院ビハーラ病棟が開設されている(柴田・深谷 二〇一一、森田 二〇一〇、谷山 二〇一六)。しかし、特定の宗教と関わりを持たない病院や施設、あるいは在宅で、いわゆる「無宗教」の人々をも対象とする場合に、宗教者がケアに介入することはどのようにして可能なのだろうか。そこでは、布教や価値観の押し付けが許されない公共空間であることがより明確に意識されなくてはならないが、そのような条件においてもなお、心のケアの担い手が宗教者であることに積極的な意義を見出し得るのだろうか。これに対する一つの回答が、「臨床宗教師」の提唱である。

五　臨床宗教師養成の展開

上述のように、東日本大震災後の仙台市に、被災者支援を目的とし、医療と宗教の協働を掲げる「心の相談室」が発足したが(室長・岡部健)、その会議の席上で持ち上がったのが、東北大学でチャプレン養成プロジェクトを開始するというアイディアであった。二〇一二年四月に同大学院文学研究科に実践宗教学寄附講座が設置され、公共空間で心のケアを提供する「臨床宗教師」の養成プログラム

が開始された。「臨床宗教師」とは、欧米の「チャプレン」に対応する日本語として発案された造語であった（経緯の詳細は鈴木岩弓前掲論文参照）。

東北大学実践宗教学寄附講座主催の臨床宗教師研修は、二〇一七年度までに一二回を数え、全国各地から集まった宗教者、のべ一八一名（うち女性五一名）が研修を修了している。受講者のプロフィールは多種多様で一般化するのが難しいが、年齢は二〇代から七〇代までで平均は約四五歳となっている。受講者の宗教的背景は、キリスト教、神社神道、教派神道なども含まれるが、伝統教団を中心に仏教系が九割方を占め、総じて、受講者の中心は比較的若い仏教僧侶であると言うことが可能である。(4)

研修では、①「傾聴」「スピリチュアルケア」の能力向上、②「宗教間対話」「宗教協力」の能力向上、③宗教者以外の諸機関との連携方法、④適切な「宗教的ケア」の方法を学ぶとされている。これは要するに、宗教者が自分の宗教施設で、自らの所属する宗教の教えや価値観を伝えるために説教するという布教教化活動のイメージとは一線を画すものである。信仰を求めているとはかぎらない人のところに出向いて、相手が人生の支えや意味を見出す手助けをするために話を聴くということである。その際に、宗教者として身に付けてきた宗教的資源（教えや儀礼的所作などを含む）を、布教行為や価値観の押し付けが生じないように細心の注意を払って、適切に用いるというのである。

このようなことが実際に可能なのかというと理論的には難点を含むであろう。宗教者として振る舞うことは、たとえ言語化しなくても特定の価値観を伝える効果を持つと言わざるを得ない。しかし、ヒポクラテスの誓いにも似た、ケア対象者を傷つけないことを眼目とする「臨床宗教師倫理綱領」が定められており、その遵守が臨床宗教師には求められている。

東北の被災者支援に貢献したいという動機を語る者が初期には目立ったが、多くの研修受講者たちが目指しているのは、緩和ケア病棟や高齢者福祉施設での傾聴活動である。実際に、民間のクリニックだけでなく、東北大学病院、松阪市民病院など、公立の施設に臨床宗教師が有償雇用されているケースもある。被災地や医療現場での臨床宗教師の活動はメディアの注目も集め、『中外日報』や『仏教タイムス』のような業界紙はもとより、全国紙や、NHKをはじめとするテレビ局の特集番組でも概ね好意的に取り上げられてきた(5)。こうした話題性も手伝ってか、東北大学以外の諸大学機関(6)でも臨床宗教師の養成講座が次々と設置された(藤山 二〇一二、弓山 二〇一五)。

内容も期間も対象者の範囲も一律でないさまざまな講座の修了者が、二〇一七年度までに概ね二〇〇名程度となり、その資格の内実があいまいなまま、臨床宗教師を名乗る宗教者が各地でそれぞれに活動することになった。こうした状況に鑑み、一定の力量を備えた臨床宗教師を資格認定し、継続的に研修を行なう体制を整備するために設立されたのが日本臨床宗教師会である(二〇一六年二月発足、二〇一七年二月より一般社団法人(7))。

同会は二〇一八年三月に第一回の資格認定を行ない、諸大学機関の臨床宗教師養成講座の修了者を中心に、一四六名の宗教者に「認定臨床宗教師」の資格が授与された。この資格認定制度の大要を四点に分けて指摘すると次のようになる。

第一に、臨床宗教師となるには、「宗教者」(「信徒の相談に応じる立場にある者」と定義される)でなければならず、僧籍等を示す証明書と身元保証人が必要である。すなわち、宗教性や霊性といったものに理解を持っていても一般人が臨床宗教師となることはない。

第二に、日本臨床宗教師会が認定する大学機関等のプログラムで一定時間以上の座学・臨床実習を修了し(または一定の臨床経験を有し)、その後も継続研修を受講することが求められる。

第三に、臨床宗教師倫理綱領を遵守する誓約書を提出しなければならない。すなわち、ケア提供者としての「力量」というのは容易には測りがたいものであり、研修を受講して身に付けた基本的な知識や技術に加えて、持って生まれた素質や人生経験がものを言う領域でもある。そこで、倫理綱領を遵守し、価値観を押し付けないということが、臨床宗教師を一般の宗教者と分かつアイデンティティの要となっている。

第四に、諸宗教の宗教者等によって構成される各地の臨床宗教師会(北海道東北から九州まで七地域で組織されている)に所属し、その代表者による推薦書を提出しなければならない。これは一宗一派の利害を離れて他宗教と協力しながら活動する立場の表現である。五年毎の資格更新の際にも、諸宗教の宗教者たちとの学び合いや相互研鑽が不可欠な仕組みとなっている。

以上のような資格認定制度は、未熟な宗教者が救済者願望に駆られて、あるいは打算的な意図で、ケアの現場に入っていくという、とかく独り善がりになりがちな事態を制限するように設計されたものといえる。しかし、言うまでもなく、病院や福祉施設で求められる宗教者の役割は、救済者のそれではない。一口に「傾聴活動」と言っても、それが行なわれる環境や条件、対象者によって、内実はさまざまである。頻繁に被災地に通って傾聴カフェを開き、涙にくれる遺族の言葉に耳を傾けるとか、死を目前にした入院患者の悲痛な告白を聴くといった光景は、彼らの活動の中の、もっとも「華々しい」ように見える部分が切り取られただけに過ぎない。砂を噛むような日常を生き続ける高齢者の話

を聴き続ける単調な繰り返しや、宗教者の存在を疎ましく感じる家族から攻撃的な言葉を浴びせられるといったこともあるだろう。また、有償での雇用例があるとはいえ、臨床宗教師は高額の報酬を得られる職であるわけではなく、臨床宗教師という制度の存立は、宗教者がその仕事に生き甲斐を見出せるかどうかにかかっていると言える。

六　寺院消滅の時代とスピリチュアルケア

このような宗教者と臨床との接近を、「宗教の世俗化」、あるいは通俗的に「宗教離れ」と呼ばれるトレンドに対する宗教者の反応という側面から考えてみる。仏教に絞ってみると、二〇一〇年代に、『葬式は、要らない』(島田裕巳、幻冬舎新書、二〇一〇年)、『寺院消滅』(鵜飼秀徳、日経BP社、二〇一五年)などに代表される、「葬式仏教」の衰退を示唆する一般向け書籍が相次いで出版されている。これらには、少子高齢化の進行とともに、葬式を中心とする諸行事によって成り立ってきた寺院経営が立ち行かなくなることが示唆されている。(8)

もちろん、寺院が直面する苦境と危機意識が明らかになる一方で、仏教の再生に期待をかける論者も多い。たとえば、「お寺ルネサンス」を描いた上田紀行の『がんばれ仏教!』(NHKブックス、二〇〇四年)や、秋田光彦の『葬式をしない寺』(新潮新書、二〇一一年)には、グリーフケアの機能を発揮する葬式仏教の再評価や、コミュニティ再生の要として寺院を考える視点が示されている。

上述したように「心のケア」という言葉が普及していく一方で、同じ時期に広がりを見せてきたの

が「スピリチュアルケア」である。一九九八年に世界保健機関（ＷＨＯ）が健康を定義する憲章の文言に「スピリチュアル」を加えることを検討したのを一つのきっかけとして、仏教界にも「スピリチュアルケア」を旗印にケア実践に取り組む宗教者たちが現れた。(9) 二〇〇六年に高野山大学がスピリチュアルケア学科を開設したのはそのもっとも先進的な試みであった。二〇〇七年に発足した日本スピリチュアルケア学会が二〇一七年度までに認定した「スピリチュアルケア師」の指導資格者六九名のうち、宗教者が半数以上を占めているが、内訳として仏教系がほぼ半数でキリスト教系と拮抗しているのも注目に値する。(10)

定義がいまだ定まらない「スピリチュアルケア」と日本仏教の結びつき方は単純ではないが、私見では、仏教的スピリチュアルケアを提唱する言説のなかにいくつかの方向性を指摘することができる。瞑想やボディワークを活用すること（アメリカ経由のマインドフルネスの影響も大きい）、先祖祭祀を中心とする「生活仏教」の習俗や観念を有効に活用すること、支え合う関係としての縁起説への言及、公共的な医療や介護の現場での活用という問題意識、などである。

僧侶がケアの現場で活動することは、寺院の経営状況の改善に直結するものではなく、多くは個人の使命感に発する活動である。しかし、「寺院消滅」が叫ばれる一方で、多くの仏教僧侶が、「心のケア」や「スピリチュアルケア」という新しい概念を拠り所として臨床領域に参入することによって、現代社会における寺院や僧侶の存在意義を模索していることが読み取れる。上述の認定臨床宗教師一四六名のうち、伝統仏教系の宗教者は八五％を占めている。またこれとは別に、（公財）全国青少年教化協議会臨床仏教研究所が二〇一五年から「こころのケアに取り組む仏教者」である「臨床仏教師」

の資格認定を開始している[11]。

七　おわりに

これまで定義をせずに用いてきた「宗教者」とはいかなる人々を指すカテゴリーなのだろうか。『日本国語大辞典』は「宗教の布教に従事する人、敬虔な態度で宗教を深く探究し理解しようとしている人などの総称」と説明している。しかし、筆者の見聞の範囲では、たとえば伝統仏教の僧侶が、自分の立場や身分を説明する時にこの言葉を用いることは稀なようである。彼らは普段、自分が「僧侶」や「お坊さん」であると考えていても、「宗教者」であるとは意識せずに生活している。

一方で、日本臨床宗教師会の設立趣意書には、「臨床宗教師とは、被災地や医療機関、福祉施設などの公共空間で心のケアを提供する宗教者です」と謳われている。こうしてみると、僧侶であれ牧師であれ神職であれ、「臨床宗教師」として名乗りを上げるまでには、あらためて「宗教者」という言葉によって自らのアイデンティティを確認するプロセスが含まれているとわかる。そして、ここでは「宗教の布教に従事する」という属性は剝ぎ取られ、替わって「公共空間で心のケアを提供する」という属性が付与されている。

ここに、「心のケア」こそが、宗教者が新たに見出すべき新しいアイデンティティの中核なのではないか、という問いかけが生じていると見ることができる。もちろん、苦しむ人の言葉に耳を傾け、寄り添うこと（端的に「臨床」）は僧侶や牧師の本来の務めであって、「心のケア」という言葉も、「臨床

宗教師」という肩書きも、屋上屋を架す余分なものであるという批判があり得るだろう。しかし、大震災や超高齢多死社会の進行という経験を経て、医療職や心理職による囲い込みから逃れる形で新しく成立したのが「心のケア」という領域であるのは上に見たとおりである。そしてこの領域は、宗教者だけが担うべき特別な営みではなく、誰もが担い得るものとして現われたのである。したがって、その誰もが担い得る「心のケア」に宗教者として加わるということがいかにして可能なのかということが問題となっているのである。こうして、現に生じている「宗教」と「臨床」の（再）接近は、宗教者、さらには宗教そのもののアイデンティティの問い直しの進行を意味するものとして見ることができるのである。

注

（１）筆者は東北大学において臨床宗教師養成に携わる当事者の立場も持つことを付記しておく。

（２）ＮＨＫＥテレ「こころの時代・シリーズ私にとっての３・11　苦と共にありて」二〇一六年三月一三日放送。

（３）二〇〇八年に兵庫県こころのケアセンターが翻訳して公開した『サイコロジカル・ファーストエイド実施の手引き』にも、「多くの人は、宗教的な観念や儀式に助けられて、大切な人の死を乗り越えていきます」（一二〇頁）と明記され、宗教者や宗教団体との連携の重要性が指摘されている。http://www.j-hits.org/psychological/index.html（兵庫県こころのケアセンター）

（４）以下、実践宗教学寄附講座ウェブサイト http://www2.sal.tohoku.ac.jp/p-religion/ に掲載されているデータ、同『実践宗教学寄附講座ニュースレター』各号の「研修受講者の声」、を参照。

（５）二〇一七年六月二日には第一九三回国会衆議院厚生労働委員会において、長妻昭委員が、塩崎恭久厚

生労働大臣への質問のなかで、臨床宗教師に言及するということもあった。http://www.shugiin.go.jp/internet/itdb_kaigiroku.nsf/html/kaigiroku/009719320170602026.htm

(6) 龍谷大学大学院実践真宗学研究科、鶴見大学先制医療研究センター、高野山大学大学院、種智院大学臨床密教センター、武蔵野大学仏教文化研究所、上智大学大学院実践宗教学研究科、愛知学院大学大学院文学研究科、大正大学仏教学科、等。『実践宗教学寄附講座ニュースレター』第九号、五頁参照。

(7) http://sicj.or.jp/(日本臨床宗教師会) 以下、資格認定制度についての情報もこのサイトを参照。

(8) 学術書としては櫻井義秀・川又俊則編『人口減少社会と寺院』法藏館、二〇一六年、など。

(9) 著作の上では、牧師である窪寺俊之の『スピリチュアルケア入門』(三輪書店、二〇〇〇年)を嚆矢として、仏教者の中からも、谷山洋三・伊藤高章・窪寺俊之『スピリチュアルケアを語る』(関西学院大学出版会、二〇〇四年)、大下大圓の『癒し癒されるスピリチュアルケア』(医学書院、二〇〇五年)などが現われた。宗教者によるスピリチュアルケアを取り巻く見取り図は、『講座スピリチュアル学　第1巻　スピリチュアルケア』鎌田東二編、ビイング・ネット・プレス、二〇一四年、を参照。

(10) 大河内大博氏のご教示による。認定者一覧は日本スピリチュアルケア学会ホームページに掲載されている。http://www.spiritualcare.jp

(11) http://www.zenseikyo.or.jp/rinbutsuken/

参考文献

安克昌 二〇一一、『心の傷を癒すということ　増補改訂版』作品社。
稲場圭信・黒崎浩行編著 二〇一三、『震災復興と宗教』明石書店。
奥野修司 二〇一三、『看取り先生の遺言』文藝春秋。
柴田実・深谷美枝 二〇一一、『病院チャプレンによるスピリチュアルケア——宗教専門職の語りから学ぶ臨床実践』三輪書店。

清水哲郎・島薗進編　二〇一〇、『ケア従事者のための死生学』ヌーヴェルヒロカワ。
鈴木岩弓　二〇一六、「「臨床宗教師」の誕生」磯前順一・川村覚文編『他者論的展開　宗教と公共空間』ナカニシヤ出版。
竹之内裕文・浅原聡子編　二〇一六、『喪失とともに生きる』ポラーノ出版。
谷山洋三　二〇一六、『医療者と宗教者のためのスピリチュアルケア』中外医学社。
中井久夫　二〇一二、「「こころのケア」とは何か」『「伝える」ことと「伝わる」こと』ちくま学芸文庫。
樋野興夫　二〇一六、『がん哲学外来へようこそ』新潮新書。
藤丸智雄　二〇一三、『ボランティア僧侶』同文舘出版。
藤山みどり　二〇一二、「「臨床宗教師」の可能性を社会のニーズから探る――「臨床宗教師」をめぐる考察　前編」、「「臨床宗教師」資格制度の可能性を探る――「臨床宗教師」をめぐる考察　後編」宗教情報センター、二〇一二年(http://www.circam.jp/reports/02/)。
三木英　二〇一五、『宗教と震災――阪神・淡路、東日本のそれから』森話社。
森田敬史　二〇一〇、「ビハーラ僧の実際」『人間福祉学研究』三―一。
弓山達也　二〇一五、「「臨床宗教師」運動と宗教系大学」『現代宗教　二〇一五』国際宗教研究所。

第6章　僧侶による〝脱〟社会活動
——自死対策の現場から

小川有閑

一　はじめに

二〇〇〇年以降、日本の仏教界には大きなうねりが起こっている。それは、僧侶が社会とどう関わっていくべきかという問題意識のもと、仏教界では若手とされる世代(二〇—四〇代)が社会に対して様々なアプローチをおこなうようになっているという現象である。

この背景の一つには若手世代の持つ危機感がある。「葬式仏教」と揶揄される葬儀・法要に特化したかのような仏教界の現状、家族形態の変容と従来の檀家制度の齟齬、地方での過疎化・都市部での寺離れなどによる寺院経営の先行き不安など、このままでよいのだろうかという危機意識が芽生える土壌があった。

もう一つは、危機感と表裏一体とも言えるが、仏教が持つ力への期待・希望だ。社会が大きく変動しているこの時代にこそ、仏教、寺院や僧侶が果たすべき役割があるはずだという信念が原動力となっている。もちろん、近現代の日本において、寺院・僧侶が教育・福祉等の分野で社会に関わる事例

は数多くあった。だが、オウム真理教の信者が「日本のお寺は風景でしかなかった」と語ったように、多くの日本人にとって、寺院は悩みがあった時に浮かぶ相談先ではなかったし、日常生活のなかで交流を持つ存在ではなかった。こうした反省のもと、社会の諸問題の解決に仏教を活かそう、日常的に社会と積極的に関わろうという意識が芽生えてきた。

自分たちの時代のうちはまだ檀家制度が維持されて、なんとかなるだろうという楽観はなく、死者だけではなく、生きている人々、社会に向き合わなければいけない、この時代にこそ仏教を伝えなければという僧侶としての危機感と使命感が若手世代に共有され始めている。

若手×超宗派

簡単に二〇〇〇年以降の新しい動きを紹介してみよう。

二〇〇四年、文化人類学者の上田紀行が『がんばれ仏教！　お寺ルネサンスの時代』（ＮＨＫブックス）を刊行。当時、すでに精力的に活動をおこない世間から注目を浴びていた寺院を紹介しつつ、仏教界に奮起を促した本書は、若手僧侶に大きな刺激を与えた。刊行の一年前にあたる二〇〇三年五月、上田は東京都港区の名刹・青松寺《せいしょうじ》にて仏教ルネサンス塾を開講。次いで一〇月には、同じく青松寺を会場として「ボーズ・ビー・アンビシャス!!」なる半年に一度のワークショップを開催するにいたった。「ボーズ・ビー・アンビシャス!!」の説明には「宗派を超えて若手僧侶が集い、今抱えている問題、今後志す活動の展開、仏教の可能性などを話し合い、合わせてお互いの交流を深めるために、半年に一回、青松寺が提供する場」とある。

ここで一点、注目したいのは、「宗派を超えて」という部分だ。二〇〇〇年以降の仏教界の動向を見る上で「超宗派」は「若手僧侶」と並んで重要なキーワードとなる。教団組織という硬直化した世界から抜け出て、同じ僧侶という共通項によって手を取り結ぶことが、大きなうねりを生み出す要因となった。

話を戻そう。「ボーズ・ビー・アンビシャス‼」は『がんばれ仏教！』との相乗効果もあり、多くの参加者を集めた。二〇〇三年一〇月から二〇一三年六月までに全二二〇回、のべにして九五九人が参加。社会における仏教者の役割や仏教者のあるべき姿などをテーマとして、宗派を超えて、若手僧侶が現状の課題や仏教の可能性を語り合い、仲間を見つけた。それまでにはなかった試みであり、歴史的評価は後世に譲るとしても、若手僧侶をエンパワーし、仏教界の常識をゆるがしたことは事実だ。

仏教界の二つの動向――発信系と実践系

また、「ボーズ・ビー・アンビシャス‼」とほぼ時を同じくして現れたインターネットサイトがある。二〇〇三年にスタートしたインターネット寺院「彼岸寺」(http://higan.net/)だ。発案者は一九七九年生まれの浄土真宗の僧侶・松本紹圭。松本もまさに若手僧侶であった。そのホームページには「彼岸寺は、宗派を超えた仏教徒や普通の人達が、新しい時代の仏教について考え、行動をする、インターネット上のお寺」と説明されていた(二〇一七年七月のサイトリニューアル後、文言は変更され、より積極的に僧侶を超えた姿勢が示されている)。宗派を超えるだけではなく、一般の人達とも協同し、インターネットという新しいツールで社会と関わるというこの試みは、大きな反響を呼び、これまで寺院に敷

居の高さを感じていた若年層を取り込むことに成功した。従来の檀信徒向けの発信ではない、新たな発信方法である「彼岸寺」もまた、仏教界の常識を揺るがしたと言って過言ではない。その後、フリーペーパー『フリースタイルな僧侶たち』(二〇〇九年創刊)、寺社フェス「向源」(二〇一一年開始)、お坊さんが答えるQ&Aサイト「hasunoha」(二〇一二年開始)、「お坊さんバラエティ ぶっちゃけ寺」(二〇一四―二〇一七年、テレビ朝日系にて放送)など、それまでにない発想・形態によって社会への発信がおこなわれるようになっている。

社会発信とともに生まれたもう一つの動向は、いわば「実践系」、社会問題の解決のために具体的に行動をしようという僧侶たちだ。自死対策については後ほど詳述するが、二〇〇九年には、東京・浅草で路上生活者支援をおこなう仏教者の団体「ひとさじの会」が発足。若手僧侶が中心となって、炊き出しや葬送支援、フードバンクと協同しての備蓄米支援活動をおこなっている。二〇一五年には、お寺にあがる供物をひとり親の家庭などに配布する「おてらおやつクラブ」が奈良県内の若手僧侶によりスタート。二〇一七年にはNPO法人化を果たし、全国に協力寺院を広げている。いずれも貧困問題という日本社会が近年抱えるようになった課題の解決に具体的に取り組む団体である。

二〇一二年、東北大学実践宗教学寄附講座で養成が始まった臨床宗教師もまた、実践系のうねりを象徴するものだ(第5章参照)。超高齢・多死社会の日本で、終末期患者の精神的ケアへのニーズは今後高まっていくことが容易に予想される。東日本大震災という自然災害の被災者ケアが契機とはなったが、より広範な公共空間での宗教者の活動が期待され、その活動・育成の輪は確実に広がりを見せ、二〇一七年時点で龍谷大学、鶴見大学、高野山大学、種智院大学、武蔵野大学、愛知学院大学、大正

大学といった仏教系大学で次々と養成講座が開設されている。二〇一三年には、仏教徒に対象を絞った臨床仏教師養成プログラムを全国青少年教化協議会・臨床仏教研究所がスタートさせ、台湾の臨床宗教仏教師との交流など、独自に活動を深化させている。

宗教研究・メディアからのバックアップ

仏教界の具体的動向を促し、支えるかのように、宗教研究の世界では二〇〇〇年以降、「宗教の社会貢献」研究が活発化してきたことも忘れてはならない。一九九〇年代以降、社会活動・政治活動をおこなう仏教者に注目したエンゲイジド・ブディズム(Socially Engaged Buddhism)研究が欧米で盛んとなり、日本でも「社会参加仏教」という訳語とともに認知されるようになった。それまで主に個人の内面に関わるものと認識されていた宗教が、社会問題の解決のために具体的に行動を起こすという事象への関心は日本でも高まりを見せ、二〇〇六年には「宗教と社会」学会のなかに「宗教の社会貢献活動研究プロジェクト」が発足。現代社会の諸問題に地道に取り組んでいる宗教者・宗教団体の活動を、実証的に調査・研究し、総合的に議論して行く場が確立された。当プロジェクトは五年の年限で終了したが、その発展形として、二〇一一年に「宗教と社会貢献研究会」がスタートしている[1]。

宗教研究だけでなく、一般メディアも宗教の社会貢献活動に関心を示し、共感的・肯定的な論調で紹介されるようになった[2]。特に二〇一一年の東日本大震災以降、宗教施設の避難所利用、宗教者の被災地支援などがクローズアップされ、宗教の社会貢献はより広く認知されるようになったと言えよう。

宗教研究や一般メディアの論調は、仏教界の実践系のうねりを促した面もあり、実践運動が研究・

メディアを動かした面もある。いずれにせよ、社会の変動がニーズを生み、双方の変化をもたらしたのである。

二　僧侶による自死への取り組み

社会の変動にともない生じた現代的課題に取り組む活動の代表的なものこそ、本章で対象とする自死対策であろう。(3)

自死者三万人時代に

一九九八年、日本の自死者数は三万二八六三人、自死死亡率（人口一〇万人当たりの自死者数）が二六・〇という数値を示した。前年の自死者数は二万四三九一人、自死死亡率が一九・三。一九九四年から徐々に増加傾向にはあったが、毎年一〇〇〇人に満たない増加であっただけに、この年の増加はまさに急増であった。そして、自死者数は二〇一二年に二万七八五八人になるまで、一四年間、三万人を下回ることはなかった。それまでも毎年、自死者が二万人を超えていたのだから、由々しき事態ではあったものの、社会的に取り組まなければならないという機運はなく、自死は個人的な問題とされていた。だが、三万人を超え、高止まりを見せる異常事態になり、社会全体で取り組むべき問題という認識が広まっていった。

その結果、二〇〇六年に自殺対策基本法が成立する。基本理念には「自殺対策は、自殺が個人的な

問題としてのみ捉えられるべきものではなく、その背景に様々な社会的な要因があることを踏まえ、社会的な取組として実施されなければならない」(第二条第二項)と自死が社会的課題であることを明示。「誰も自殺に追い込まれることのない社会の実現を目指して」(第一条)と、自死を「追い込まれた末の死」とした点も、自死に対するよくある誤解——身勝手な死(命を粗末にしている等)、積極的な死(死にたくて死んだ等)、弱者の選択(弱い人がすること等)——を払拭する意義深いものであった。

自死者の急増と自殺対策基本法成立は、社会全体の関心を高め、自死への正しい理解を促すことになり、仏教界の意識も徐々に変わっていくことになる。

遺族の声に耳を傾けて

自死対策の進展を考えた時、忘れてはならないのは、自死遺族が声を上げたことである。二〇〇〇年にあしなが育英会が自死遺児の文集『自殺って言えない』を発行、翌年には自死遺児たちが顔と実名を公表して小泉純一郎首相(当時)に自殺対策の強化を陳情した。自死遺族の声は、他人事ではない、まさに自死の当事者としての声であり、支援者や行政を揺り動かす力を持っていた。自殺対策にはプリベンション(予防)、インターベンション(直接介入)、ポストベンション(遺族支援)の三つの段階があると言われているが、前者二つに力点が置かれがちであった。遺族が声を上げたことでポストベンションの重要さを多くの人が知ることとなったのだ(4)。だが、見方を変えれば、自死で家族を失った悲しみ、何もできなかったという自責の念や後悔に苛まれながらも、多くの自死遺族は社会の偏見・無理解を気にしながら息をひそめて生きざるを得なかったということでもある。

自死への偏見を支えていたものが、仏教界のなかにあったことも否めない。自死を罪悪とみなし、自死した者は成仏できない、いのちを粗末にした等の言葉を葬儀の席で聞かされ、死んでまで苦しまないといけないのかと絶望したという遺族もいる。しかし、自死者の葬儀で自死遺族と触れ合うことで自死対策の必要性を感じ、動き出す僧侶がいたことも事実だ。**年表**(一三四―一三五頁)を見れば自死者追悼法要の開催が年々増えていることが分かる。周囲の目を気にせず、ゆっくりと故人を偲ぶ時間を持ちたい、故人が今は苦しまず、安らかに過ごしていることを確信できる場が欲しい、そういった自死遺族の声を受けて、僧侶の特性を活かした自死遺族支援の一つの形が自死者追悼法要と言える。こうした動きが、仏教界にあった自死への偏見の是正にも一役買っていることも付言しておく。

個人から連帯へ

人生相談や駆け込み寺など、広く見れば自死対策とみなされる活動は、はるか昔から僧侶・寺院の担うものではあったが、明確に「自死対策」とみなされるものは、おおよそ二〇〇〇年代にあらわれてきている。

まず教団レベルの取り組みは、自死念慮者や自死遺族への直接的な関与よりも、啓発や後方支援的なものが多くなる。なかでも曹洞宗と浄土真宗本願寺派は積極的な姿勢が目立つ。曹洞宗では、総合研究センターに「曹洞宗こころの問題研究プロジェクト」を立ち上げ、僧侶養成テキストとして「人びとのこころに向き合うために」を刊行。全国各地で僧侶向けのゲートキーパー研修を実施している。教団として自死者追悼法要に取り組んだ先駆けでもある。本願寺派は二〇〇八年に所属寺院に対して

年月	事項
9	天台宗社会活動団体ネットワーク会議が自死者慰霊法要を開催
10	教団附置研究所懇話会年次大会(於・孝道山)にて，自死をテーマにシンポジウム開催
12	「自死に向きあう関西僧侶の会」が発足，第1回自死者追悼法要を実施
12	根本・今城が中心となり「いのちに向き合う宗教者の会」(東海地方)が発足，第1回自死者追悼法要を実施
2010. 2	曹洞宗総合研究センター，僧侶養成テキスト「人びとのこころに向き合うために」発行
2	浄土真宗本願寺派，「自殺対策フォーラム　生きることの支援―いま，京都からの発信―」開催(於・本願寺聞法会館)
2	浄土宗総合研究所，公開シンポジウム「自殺と自死」開催
3	浄土真宗本願寺派東京教区教務所，冊子「自死に向き合う―いま，私にできること」発行
3	教団附置研究所懇話会に「自死問題研究部会」が発足
5	本願寺派僧侶らが中心となり，「京都自死・自殺相談センター Sotto」(現在 NPO 法人)発足
6	高野山真言宗が自死者慰霊法会を開催
7	曹洞宗宮城県宗務所館内布教師協議会，冊子「自死に向き合う―いま，私にできること」発行
9	袴田，自殺予防の県民運動「秋田ふきのとう県民運動」の会長に就任
12	「自死に向きあう広島僧侶の会」が発足，第1回自死者追悼法要を実施
2011. 2	曹洞宗こころの問題研究プロジェクト自死問題研究班，冊子「自死に向き合う―いま，私にできること」発行
4	日蓮宗宗門運動本部企画推進会議いのちの活動プロジェクト，冊子「いのちに合掌―自死に向き合うヒント」発行
2012. 9	真言宗智山派宗務庁，冊子「自死に向き合う―いま，私にできること」発行
11	「お坊さんが答える Q&A サイト「hasunoha」」開始
2013. 2	日蓮宗東京教化伝道センターが自死者追悼法要「いのちに合掌」開催
6	アメリカの雑誌「The New Yorker」に根本の特集記事 “LAST CALL: A Buddhist monk confronts Japan's suicide culture” 掲載
10	浄土真宗本願寺派「御同朋の社会をめざす運動」東京教区委員会が自死者追悼法要「みほとけに抱かれて」開始
2014. 3	浄土真宗本願寺派「御同朋の社会をめざす運動」兵庫教区委員会が自死者追悼法要「みほとけに抱かれて」開始
3	浄土真宗本願寺派重点プロジェクト推進室，冊子「自死に向き合う―いま，私にできること」発行
12	「自死に向きあう九州仏教者の会」発足，第1回自死者追悼法要を実施
2016. 3	「京都いのちの日」に合わせて宗教者が自死問題への啓発のために行進する「LIFE WALK」開催
3	浄土真宗本願寺派総合研究所が自死念慮者・自死遺族に向けて，『宗教者からのメッセージ』発刊
9	被災地で浄土真宗本願寺派・曹洞宗との協力で実施していた仮設住宅訪問活動を基盤に「東北自死・自殺相談センターとうほく Sotto」開設
12	広島在住の僧侶が中心となり，死にたい人の居場所作りを目指す「ひろしま Sotto」発足
2017. 4	根本の活動を取材したドキュメンタリー映画「The Departure」(監督 Lana Wilson)がニューヨークのトライベッカ映画祭でプレミア上映
11	「仏教と自死に関する国際シンポジウム」開催(孝道山，本願寺派総合研究所，龍谷大学，曹洞宗総合研究センター等)

年表

年月	事項
1995	曹洞宗僧侶・篠原鋭一，千葉県の自坊で24時間自殺相談を開始
1996. 3	曹洞宗僧侶・前田宥全，東京都の自坊で傾聴活動開始
12	愛媛県の臨済宗僧侶・浅野泰巌，真言宗僧侶・加藤俊生が石手寺にて自死者追悼法要開催
2000. 10	曹洞宗僧侶・袴田俊英が秋田県藤里町で自殺予防の市民団体「心といのちを考える会」を立ち上げる
2001. 5	日蓮宗東京都南部宗務所，リーフレット「自殺者が急増しています」発行
5	日蓮宗東京都南部宗務所，「自死遺児救援のためのバザー＆フリーマーケット」を開始し，収益をあしなが育英会「東京レインボーハウス基金」に寄付
2002. 11	袴田が会長を務める秋田県曹洞宗青年会が公開シンポジウム「この一日の身命は～“自殺”の問題が問いかけるもの～」開催
2003. 4	「心といのちを考える会」がコーヒーサロン「よってたもれ」開始
4	秋田県曹洞宗青年会が第1回自死者追悼法要「祈りの集い」開催
2004. 1	篠原が所長を務める曹洞宗千葉県宗務所が電話相談「てるてるぼうず」開始
2	日蓮宗京浜教区教化研究会議，「いのち・自殺者3万人の時代を迎えて」開催
10	臨済宗僧侶・根本紹徹がmixi内コミュニティ「死にたい人」開設
2005. 2	日蓮宗神奈川県第3部宗務所，教化研究会議講演録「いのち・自殺者3万人の時代を迎えて」発行
2006. 4	本願寺派僧侶・藤澤克己，自殺対策のNPO法人ライフリンクのスタッフとして活動に従事
5	「ボーズ・ビー・アンビシャス !!」にて，「自殺志願者になにができるか」と題して根本が問題提起
2007. 5	「自殺対策に取り組む僧侶の会」(現「自死・自殺に向き合う僧侶の会」，以下「僧侶の会」)発足，藤澤が代表，前田が副代表に就任
9	浄土真宗本願寺派，「第1回別離の悲しみを考える会—自死問題を縁として—」開催(於・本願寺聞法会館)
10	孝道山(神奈川県)にて「自殺問題について考えるシンポジウム—日本におけるEngaged Buddhism(社会に関わる仏教)の可能性を探る」開催．藤澤，根本，篠原が登壇
12	「僧侶の会」が第1回自死者追悼法要「いのちの日いのちの時間」を開催
2008. 1	篠原が中心となり任意団体「自殺防止ネットワーク 風」(現在NPO法人)を設立，袴田，根本，前田，浅野も参加
1	「僧侶の会」が手紙相談「自死の問い—お坊さんとの往復書簡」開始
2	曹洞宗総合研究センター主催「祈りの集い—自死者供養の会—」
5	浄土真宗本願寺派教学伝道研究センターが全国の同派寺院を対象にアンケートにて自死問題実態調査を実施
6	浄土真宗本願寺派，「第2回別離の悲しみを考える会—自死遺族の悲嘆とグリーフケア」開催(於・本願寺聞法会館)
11	真言宗僧侶・今城良瑞がmixi内コミュニティ「言えない心の傷」管理者に
11	浄土真宗本願寺派，「本願寺フォーラム　自死とわたしたち～みんなで考える～」開催(於・本願寺聞法会館)
11	第24回世界仏教徒会議日本大会開催@浅草ビューホテル(総合テーマ「仏教者の社会問題解決への貢献」)「自殺・心の問題」セッション開催．藤澤がコーディネーター，篠原・根本がシンポジストとして登壇
2009. 6	浄土宗東京教区教宣師会主催「自死者追悼法要」開始
6	「僧侶の会」が自死遺族の分かち合い「いのちの集い」開始
7	教団附置研究所懇話会「生命倫理研究部会」にて「教義における自死の位置づけ」に関する討議(於・本願寺聞法会館)

自死への取り組み・意識の実態調査（アンケート調査）を実施。僧侶の意識のずれを指摘するとともに、自死念慮者や自死遺族への対応姿勢への啓発もおこなった。後方支援としては、「京都自死・自殺相談センター」設立にあたって、事務所を提供するなど、大きな役割を果たしている。

他方、僧侶の活動は、年表から分かるように、二〇〇〇年前後は、個人によるものか、個人が地元の宗派組織と協働しておこなうものがほとんどであった。それが、次第に僧侶が宗派や地域を超えてつながっていくようになる。個人の活動には限界があり、自死者が増える一方であったこの時期、個人の無力さに直面し、連帯する必要を感じた僧侶も少なくなかった。一人きりでは燃え尽きる可能性もあり、支え合う仲間の存在が必要でもあった(5)。

同時に、先述のように超宗派で動くことが仏教界で自然なことになっていった時代背景も影響していると思われる。僧侶の多くが世襲となっている現在の仏教界において、僧侶にとって宗派の選択の余地はなく、所与のものである。極端にいえば、そこで出会う僧侶仲間は、たまたま同じ宗派だから出会うものであったり、地縁・血縁によるものであったり、いずれにせよ自ら選び取った仲間とはならない。しかし、自死対策という問題意識は個々の僧侶が後発的に持つものだ。同じ問題意識を持って、何か行動を起こすために他宗派の僧侶と協働することは、同宗派の僧侶と会うよりもはるかに必然性が感じられ、サンガ意識（後述）を持つことができる。

自死・自殺に向き合う僧侶の会

僧侶の連帯、サンガの典型的な例が「自死・自殺に向き合う僧侶の会」（以下、僧侶の会）だ。僧侶の

会は、具体的に行動をすることを方針に掲げ、超宗派の僧侶が集って二〇〇七年に結成された(当時は「自殺対策に取り組む僧侶の会」)。二〇一八年現在は約四〇名の会員を有し、手紙相談、自死遺族の集い、追悼法要を主な活動としている。(6)

手紙相談は二〇〇八年一月に始まり、二〇一七年九月末日時点で一三一八名から八二九二通の手紙を受け付けている。手紙相談にあたっては、三名で一班を作り、受け付けた手紙に対して一人の僧侶が担当となる。担当僧侶が返信案を作成し、他の二名がチェックをおこない、過不足、不適切な文言はないか等を確認し、必要に応じてコメントや改訂案を提示する。そのやりとりを経て、担当者は直筆で清書・投函をする。この一連の作業をこれだけの通数に対して、毎回おこなっているわけで、活動内容そのものが宗派を超えて一つの目標のために手を携えるというサンガ意識を醸成させているのだ。

また、僧侶の会は、各地の取り組みに向けた種まきも重視しており、東海地方を中心にした「いのちに向き合う宗教者の会」、関西圏の「自死に向きあう関西僧侶の会」、中国地方の「自死に向きあう広島僧侶の会」、九州の「自死に向きあう九州仏教者の会」の立ち上げ、追悼法要への支援をおこなっている。現在も年に一回、全国交流会を催し、それぞれの現場での困難事例のケーススタディや独自の取り組みの共有などで研鑽を積み、地域を超えた連帯をはかっている。

超宗派の特色も発揮しており、その好例を一つあげておこう。二〇一〇年三月に浄土真宗本願寺派東京教区が「自死に向き合う」という冊子を刊行、それを皮切りに、曹洞宗、日蓮宗、真言宗智山派などで、ほぼ同じタイトル、内容、デザインのものが刊行されている。これは僧侶の会に所属する各

宗派の会員が持つネットワークを活用した成果であり、僧侶の会が様々なレベルで、自死対策のための僧侶の連帯のキーパーソンの役割を果たしていることが分かるだろう。

三　僧侶だからできること

引き続き「僧侶の会」の話になるが、遺族支援に目を移すと、僧侶の活動の特色が見えてくる。遺族の集い「いのちの集い」は、二〇〇九年六月から毎月第四木曜日に築地本願寺を会場として開催され、分かち合いの前後に短い法話や法要をおこなうなど、僧侶の会ならではの構成になっている。二〇一六年一〇月から翌年九月までの一二回の合計参加者は四〇一名、各回平均三三名。この数は、自死遺族の分かち合いの集いの参加者数としてはきわめて多い数字だ。行政やＮＰＯによる分かち合いが基本的に宗教色を排除する中で、僧侶と寺院で構成される「いのちの集い」は、故人とのつながりを感じる非日常の空間・時間を生み出し、遺族にとって居心地の良さにつながっていると思慮される。

自死者追悼法要はその顕著な例だ。厚生労働省が定めた自死予防を注意喚起する日、一二月一日「いのちの日」に毎年開催され、活動が本格化した二〇〇八年から二〇一六年までの平均参加者数は一四一名と規模の大きな法要となっている。参加者の感想アンケートには、「故人と会話をしている気持ちになる」、「故人とつながっていると感じられる」といった日常生活では実感しがたい他界の故人とのコミュニケーションをとっている様が綴られており、こうした宗教性の色濃い場の有効性がう

かがえる。
また、普段はあまり思い出さないようにしている、周囲には知られないように普通の顔をして過ごしているという遺族が、ここに来た時だけは、故人を思い出して思い切り泣けると吐露する姿を、「いのちの集い」でも追悼法要でもしばしば目にすることがある。それは、いまだに自死に冷ややかな社会のなかで、日々、忍耐を強いられている遺族が、世間の目から解放されるひと時なのかもしれないと思わせるものだ。

アジール機能の復活

社会のなかで、価値観や道徳観、世間体などに押さえつけられ、苦しんでいる人が、束の間、解放され、自由になれる。故人との交流という点においても、現実の社会を超えた世界観の提示が安らぎを与えていることは、生きている人だけでこの世界が成り立っているという現代の世界観からの一時的な解放とみなすことができるのではないか。

これは、自死遺族支援にだけ見られるものではない。自死率の高い秋田県の中でもさらに自死率が高い藤里町にあって、二〇〇〇年代初頭から自死予防に尽力している曹洞宗僧侶・袴田俊英は、自死対策での仏教の果たすべき役割について長年の経験をもとに次のように語った(7)。

「自死対策の動きは進んでいるが、大変な人を救うということに傾きすぎている。追い込まれた人への対応はするが、なぜ追い込まれているのかというところには目を向けないし、考えようとしない。追い込んでいる人は誰か、仕組みは何か、社会がどう変わればよいのかと考えることも大事。僧侶は

仏教をもとにそれを考えなければならない。資本主義のお金偏重は人を苦しめるということが分かってきている。右往左往している人達の隣で違う価値観で生きる者がいることは重要です。違う柔らかな価値観を提示するのも仏教の役目です。」

「しっかり生きなければいけないという圧力が非常に強くなり、規範から外れた人は生きづらくなって、逃げ場所がない。みんな、自死を決行する直前まで普通の顔をして生きている。ＳＯＳも出せず、息抜きもできないままです。今一度、寺院はアジール機能を担って、ちょっとした避難場所となるべきではないか。働かなくてもいいじゃないか、ちょっと人と変わっていてもいいじゃないか、と世間体を気にせずに自由になれる場所です。」

苦しんでいる人に対応することも大事だが、自死を考えるまでに人を追い詰めている社会に異なる価値観を提示すること。そして、ほんの少し、世間から逃れるアジール（世俗の権力が及ばない聖域）を提供すること。社会規範や人間関係に疲弊した人が心身を解放できるアジールが、空間としての寺院であり、思想としての仏教なのだ。

〝脱〟社会性こそ僧侶の特色

宗教の社会貢献について少し触れたが、袴田の話からは社会貢献という言葉は出てこなかった。袴田へのインタビューをしながら、筆者は自死対策に従事するある僧侶が、「自分は社会貢献をしている感覚は全くない」と言った記憶がよみがえってきた。今、自分がしていることは社会からはじき出され、こぼれ落ちてきた人をなんとか死なない方向に向かわせるので精一杯で、そんな苦しめる社会

を維持発展させるような貢献をするつもりは全くない、という趣旨であった。また、他の僧侶への聞き取り調査では、自死そのものを否定する者は少なく、自死をしてしまうことも生きている限りありうることといった、ある種の受容姿勢を示す者は多い。これも、とにかく生きることを善とする社会の価値観には反するものであろう。追悼法要に見られるような故人と交流する超越的世界観も、現世と来世の比重を五分五分にするようなもので、現世のみ志向する世間一般の価値観を否定する側面もある。

学術用語と現場感覚の齟齬はもちろん承知しているが、自死対策における仏教の特色は、社会の価値観を相対化する視点を有することにあり、ときには反社会性・暴力性すら含むものかもしれない。そんな僧侶の自死対策を形容するにあたって、筆者は「社会貢献」という言葉よりも、「〝脱〟社会活動」を用いたいと思う。

二〇〇七年に僧侶の会が発足した当時、代表をつとめた本願寺派僧侶・藤澤克己は、僧侶「でも」できることの積み重ねから、僧侶「だから」できることが見えてくると語っている。僧侶の自死対策が本格化して一〇年が経った。僧侶「だから」できることの本質は、〝脱〟社会性にあり。現時点での結論を、断定的であるが、こう記して筆をおくことにする。

注

（1）　稲場圭信・櫻井義秀編『社会貢献する宗教』（世界思想社、二〇〇九年）、臨床仏教研究所編『社会貢献する仏教者たち』（二〇一二年、白馬社）、臨床仏教研究所編『「臨床仏教」入門』（二〇一三年、白馬社）

など。

（2） 磯村健太郎『ルポ 仏教、貧困・自殺に挑む』（岩波書店、二〇一一年）、北川順也『お寺が救う無縁社会』（幻冬舎、二〇一一年）など。

（3） 仏教界の自死対策への取り組みについては、拙稿「自死者のゆくえ——僧侶なりの自死遺族支援の形」（国際宗教研究所編『現代宗教二〇一二』、二〇一一年）参照。

（4） 自殺対策基本法に「自殺者の親族等の支援の充実」（第一条）を図ることが記されたことで、遺族支援も自死対策の重要な柱であるということが広く認識されるに至った。

（5） 筆者が「自死・自殺に向き合う僧侶の会」会員にアンケート調査をおこなった結果、セルフケアとして「仲間に話を聞いてもらう、共有する」を挙げた回答は二四名中一五名、回答数としては一位であった（拙稿「自死予防活動に従事する僧侶のセルフケアと変容」（『仏教文化研究』第六一号、二〇一七年）。

（6） 僧侶の会の活動の詳細は前掲「自死予防活動に従事する僧侶のセルフケアと変容」参照。

（7） 二〇一七年一〇月二七日にインタビュー実施。

第7章　宗教法人の公益性
——二つの法人制度の比較から

竹内喜生

一　はじめに

宗教法人は公益法人であるがゆえに税制面で優遇されている、とする論調がある。「宗教法人は営利を目的としない公益法人のため、税制上の優遇措置がある」(『毎日新聞』二〇一七年一月五日付大阪夕刊「私的流用：住職4000万円、国税認定　「隠し給与」調査強化　対象の7割、納付漏れ大阪の寺」)。

この文章は、①宗教法人は公益法人である、②公益法人は税制上で優遇措置が講じられる、という二つの要素をつなげて組み立てられている。この二要素について、『法律学小辞典』(高橋他 二〇一六)による説明を用いて検討してみたい。

まずは、①宗教法人は公益法人である、という点について。これは法人類型に関する事項である。公益法人とは「祭祀・宗教・慈善・学術・技芸などの公益を目的とし、営利を目的としない法人」とある。そして「公益目的事業を行う一般社団法人・一般財団法人は行政庁の認定により、公益法人た

る地位を取得する。その他、私立学校法、宗教法人法などの特別の法律の適用を受けて認可ないし認証によって設立されるものもある」。宗教法人については「宗教団体のうち法人となったもの。公益法人の一種」との記述がある。

次に、②公益法人は税制上優遇措置が講じられる、という点。これは税制面に関する事項である。公益法人は「税法その他で保護を与え」られ、宗教法人は「収益事業以外について免税の特典」がある。この「免税の特典」に関しては、「宗教法人課税」として別項が設けられている。そこでは「宗教法人は公益法人等に当たるため、その収益事業から生ずる所得に対してのみ課税がなされ、しかもそれについても軽減税率が適用されてきた」との説明がある。なお、ここで言及されている公益法人等については、「法人税法別表第2に規定される法人であり、公益社団法人及び公益財団法人、非営利型の一般社団法人及び一般財団法人、これら以外の公益法人等である」と記されている。

以上が『法律学小辞典』による法人類型と税制面からの説明であるが、前者と後者では、宗教法人と公益法人の関係が異なっていることがわかる。法人類型の説明では、宗教法人は公益法人と同じあるいはその一種であるとされている。他方、税制面の説明においては、宗教法人は公益法人と同様に公益法人等に分類されており、宗教法人と公益法人は同一視されておらず、いわば横並びとなっている。

よって、①宗教法人は公益法人である、と、②公益法人は税制上優遇措置が講じられる、の二要素は、各々それ自体は正しいといえる。しかし、「公益法人」を媒介にしてこの二つの要素を接続させると、税制面からの説明とのずれが生じるようである。

このことについては、憲法学者である大石眞が、「宗教法人のあり方について語るとき、わが国では、しばしば「公益法人」の問題として論じられる傾向があり、とくに宗教法人に対する税制上のいわゆる優遇措置の是非を問う場合に、その傾向は著しいようである」（大石　一九九六、二五三頁）と指摘している。前記のようなずれが生じてしまうのはそのためであろう。

さらに大石は、このように宗教法人と公益法人が同一視される理由について、「宗教法人に対する税法上の特例措置を根拠づける場合には「公益」法人としての性格をもつ」ことが強調されるためと述べている（大石前掲書、二五四頁）。この「公益法人としての性格」とは、『法律学小辞典』の法人類型による説明で触れられている、「公益を目的」とする法人、に該当する。それはすなわち、宗教法人の公益性＝公益法人の公益性、ということである。このことをふまえた上でまた新聞記事をみてみたい。

「Qなぜ宗教法人は税が優遇されるの？　A宗教活動など事業の公益性が認められている公益法人だからです」（『毎日新聞』二〇一一年二月二七日付朝刊「宗教法人への課税の仕組みは？」）。

この記事を、先ほどの記事の二つの要素、①宗教法人は公益法人である、②公益法人は税制上優遇措置が講じられる、によって構成されているとすると、「公益性が認められている」という部分が浮いてしまう。そこで、大石が指摘したように、宗教法人が「公益法人としての性格」を有していること、すなわち、宗教法人の公益性＝公益法人の公益性、となることを考慮すると、この記事は以下の三つの要素、①宗教法人は公益法人である、②宗教法人は宗教活動などに公益性が認められている、③公益性が認められている公益法人は税制面で優遇措置、から構成されていると考えられる。そして

それぞれの要素は、宗教法人＝公益法人、宗教法人の公益性＝公益法人の公益性、の二つの図式によって接続されているということになる。しかし次の新聞記事のように、宗教法人は公益法人であるとする前提の導入がない例もある。

「〔宗教法人は〕教義や儀式を通じて社会貢献している「公益性」が税優遇の根拠のひとつだ」（『朝日新聞』二〇一五年一一月三〇日付朝刊「税の現場から　納骨堂、宗教かビジネスか」）。

ここでは、紙面の都合で詳細な記述をおこなう余裕がなかった可能性もあるが、宗教法人の公益性と、税制上の優遇措置が直接つながっている。この例にみられるように、宗教法人の公益性は、公益法人としての公益性ではなく、宗教法人の公益性それ自体として存在することも考えられる。

そこで本章は、宗教法人と公益法人のそれぞれの法人制度における公益性の相違を探り、そのうえで宗教法人の公益性を考察することを目的とする。

まずは、公益法人と宗教法人についてそれぞれの法制面および公益概念との関係をみていきたい。

二　公益法人と宗教法人

結論を先取りしていえば、公益法人と宗教法人の法制上における公益性の相違点は、①公益法人は公益性の存在が明確となった、②公益法人の公益性は国家によって認定されている、③宗教法人はそのどちらにも該当しない、とまとめられる。以下ではこれらについて具体的に追っていくことにする。

公益法人制度の沿革

日本における法人制度は、一八九六（明治二九）年に制定された民法での規定に始まる。その（旧）民法三四条において「祭祀、宗教、慈善、学術、技芸其他公益ニ関スル社団又ハ財団ニシテ営利ヲ目的トセサルモノハ主務官庁ノ許可ヲ得テ之ヲ法人ト為スコトヲ得」と規定された。この規定に基づいて公益法人の設立が可能となり、以降一世紀にわたり「当初所定の制度がほぼ原形のまま維持」（大隈二〇一二、一八五頁）されていた。

この制度のもとでの公益法人の設立は、主務官庁の自由裁量による許可制がとられていた。それはすなわち、公益法人には公益性が備わっていることを、国家が認定したということであった。公益法人の業務についても、主務官庁が法人の業務や財産の状況を検査することが認められていた。これらのことから、この公益法人制度には、国家が認定した公益がその後も主務官庁による統制を通じて確保されるような仕組み（田近二〇一五、一一九頁）が埋め込まれていたといえる。

このように、公益法人制度を通じて、公益法人の公益性は国家によって担保されたことになっていたが、その公益性に疑問が呈される公益法人の存在など、従来の公益法人制度には多くの問題も指摘されていた。二〇〇〇年代以降着手される一連の公益法人制度改革の取り組みは、こうした問題への対処を目したものであった。

二〇〇四年一一月、公益法人制度改革に関する有識者会議による報告書が公表された。この報告書において、「法人格の取得と公益性の判断を分離」、「準則主義（登記）により簡便に設立することができる一般的な非営利法人制度を創設」など、公益法人制度改革の基本方針が示された。

その後二〇〇六年五月、公益法人制度改革関連三法（「一般社団法人及び一般財団法人に関する法律」、「公益社団法人及び公益財団法人の認定等に関する法律」、「一般社団法人及び一般財団法人に関する法律及び公益社団法人及び公益財団法人の認定等に関する法律の施行に伴う関係法律の整備等に関する法律」）が成立した。そして二〇〇八年一二月、一部を除いて施行された。この改革により、一般社団法人及び一般財団法人については、登記により法人格が取得できるようになった。それらのうち、所定の諸条件を備え、公益目的事業を行うことを主目的とした法人は、行政庁（内閣府もしくは都道府県）に対して当該法人の公益性の判断を求めることができ、民間有識者から構成される第三者委員会による公益性の審査の後、行政庁によって公益性を認定されるものとされた。この公益性の認定を受けた一般社団法人及び一般財団法人が、公益法人（公益社団法人及び公益財団法人）である。

公益法人制度における公益性

前述のように、公益法人制度改革がなされた理由の一つは、公益法人としてふさわしくない団体の存在にあった。その原因を法学者の森泉章は、「（旧民法三四条における）「公益」観念が明確でない上に、許可主義〔引用者注：法人の設立には官庁による許可が必要な方式〕による制度の運用上、公益性の判断が、主務官庁にまかされる」点にあった、と指摘した（森泉 一九七七、三一―四頁）。

この公益という概念は、民法のみならず、他法文中でも定義がされていなかった。法学上の通説は、「公益（社会全般の利益）、すなわち、不特定多数の者の利益」（我妻 一九六五、一三六頁）とされているもののの、この概念をめぐってはさまざまな議論がある。その理由は、森泉の言を借りれば、社会の進展

や多様化に伴い公益も変動するため、「なにが公益かは、法がそれを指定する場合はともかく、一般的、抽象的に論じられるものではなく、厳格に定義づけられるものでもない」（森泉　一九八二、二九頁）からである、となろう。

このような公益概念の不明確さをめぐって森泉は、民法における公益法人の立法の沿革において、「なにが公益かの問題」が再検討されるべきであるとも述べている（森泉　一九七七、四頁）。これに関しては、その民法を専門としていた法学者の星野英一による民法の沿革に関連する研究の中で、旧民法三四条に関して、民法起草者の一人である穂積陳重の残した手稿や、審議機関である法典調査会主査会などで交わされた議論の分析を通じて考察が試みられている。当初は非営利の一つの例として公益が挙げられていたが、最終的に「公益かつ非営利」となった経緯を示した上で、星野はその理由について、「はっきりしない」と述べる。そして「『非営利』が重要で、ただ公益に全く関係がなければいけないというだけのことのようでもある」とした上で、「〔学説上は〕きわめてあっさりと、公益事業を「目的とするもの」としている」とも述べている（星野　一九七〇、一二七―一二九頁）。

このように、旧民法三四条の沿革をみても、同条文中の公益概念は不明確であった。そのため、公益の定義が不在のまま、公益法人の定義がなされていた。通説では「公益法人になりうるための要件としては、単に営利を目的としないという消極的要件だけでは足らず、積極的に公益を目的としなければならない」（森泉　一九七七、六頁）とされていた。そこに前述の星野による分析を加味すると、「公益よりも非営利に重点があることが理解されている一方で、通説では公益法人とは、全般の利益、つまり不特定多数の利益を目的とするものとされている」（堀田　二〇〇六、一二一頁）ということになろう。

しかし、公益法人制度改革後においては、公益認定を受けた公益法人は公益性を具備していることがより明らかになったといえる。その理由は、前述したように公益性の認定基準[1]の一つとして、当該法人の主目的が公益目的事業の遂行であるとされたことと、その公益目的事業に関する規定の中に、公益の通説的定義(不特定かつ多数の者の利益)が織り込まれたこと、の二点による。

だが、この明文化に対しては手厳しい見解もある。行政法を専門とする法学者の塩野宏は、公益目的事業に関する規定は内容的定義ではなくあくまで例示にとどまっているとする指摘とともに、「公益認定法(引用者注:公益社団法人及び公益財団法人の認定等に関する法律)は公益概念を正面に据えた点では甚だ勇気ある立法ではあるが、この改正法が、従来の多様な公益概念に特に何か新たなものを付け加えたことにはなっていない」と述べている(塩野 二〇〇九、三七—四三頁)。

塩野が言及しているように、新たな公益概念の提示には至らなかったものの、公益法人制度改革後の公益法人の公益性は、通説的定義であるにせよ、それが明文化されたことによって、従前と比して明確になったといえよう。

宗教法人制度の沿革

公益法人関連の法制に対して、宗教法人関連法制はその動きが大きかったといえる。宗教法人の法人格に関する端緒は、前述の旧民法三四条の規定にある。しかし民法施行法二八条において、「当分ノ内」神社や寺院についてはこの民法の規定を適用しないとしていた(石村編著 二〇〇六、一一三頁)。

そして、数度の法案提出・廃案を繰り返した後、宗教団体にはじめて法人格の取得を認めた宗教団

体法が一九三九(昭和一四)年に制定された。[2]
この宗教団体法は、宗教団体設立には所轄庁の認可が必要とされるなど、国家による統制色が強いものであった。そのため、終戦後の一九四五(昭和二〇)年一〇月のＧＨＱ(連合国軍最高司令官総司令部)による人権指令により、宗教団体法とその関係法規が廃止されることになった。文部省(当時)とＧＨＱの一部門であるＣＩＥ(民間情報教育局)との間での検討・修正の後、一九四五年一二月に宗教法人令が公布・施行された(古賀　一九九〇、九四—九六頁)。
この宗教法人令は信教の自由および政教分離原則に立脚していたため、規則を制定し設立登記をすれば宗教法人格が取得できる準則主義が採用された。しかしこの宗教法人令による宗教法人制度の極度の簡素化・自由化は、宗教法人の濫設を招いたほか、多くの不備欠陥があった。また宗教法人令は勅令によるものであり占領終結とともに失効するため、法律に替える必要にも迫られていた。文部省とＣＩＥ間での法案の作成・検討・修正を経て、一九五一(昭和二六)年に宗教法人法が制定された(古賀　一九九〇、九六—九九頁)。その後オウム真理教事件などを契機として一九九五(平成七)年に一部改正されて現在に至っている。

宗教法人制度における公益性

前述のように数度の法案提出・廃案の後、一九三九年に宗教団体法が制定された。廃案になったものも含め宗教団体法制定までの法案提出理由においては、宗教は国民を教化する役割を果たす、宗教団体を教化団体として国民精神を発揚させることに貢献させる、国家の目標にかなう宗教団体を公認

する、などと言及されていた。つまり、戦前における宗教法人制度の確立は、宗教団体を国家に役立たせることをその目的の一つとしていたことになる。しかしその後敗戦を迎え、一九四五年に宗教法人令が施行された。前述の通りこの宗教法人令では、国家による監督はほぼ廃された。

渡部蓊《しげる》はこのような戦前から戦後の宗教法人法制を以下のように概括している。戦前の宗教団体の公益性は国益と同様の意味であり、不特定多数の利益、という現在の通説的解釈の意味での公益ではありえなかった。しかし戦後の宗教法人令施行時における公益は通説的解釈とほぼ同様になり、その結果、宗教法人に特有の公益性は曖昧になった(渡部 一九八七、一一四―一一五頁)。

このように戦後は宗教法人の公益性が浮遊する形となったが、それを引き戻そうとする動きが宗教法人法の成立過程でみられた。それは、文部省とＣＩＥ間での「国家による宗教の位置づけ」に関する対立(古賀 一九九三、二三二頁)によって浮き彫りとなった。文部省は、宗教団体の宗教活動自体が公共の福祉の増進に貢献するという観点から、宗教団体に法人格を付与しようとしていた。これに対しＣＩＥは、宗教団体の社会的地位は政府が決めるべきものではなく、またすべての宗教が必然的に公共の福祉に寄与しているかも疑問であるとした。最終的には、政教分離原則に依拠し、この法律の目的は宗教団体が法的能力を獲得することのみとしたＣＩＥの主張通りの形となった(古賀 一九九〇、一〇七頁)。公共の福祉の増進をはかることは、不特定多数の利益、すなわち公益となりえよう。しかし、その公益と宗教活動を結びつけようとした文部省の試みが功を奏することはなかった。

以上の経緯に鑑みると、戦前における宗教法人の公益性は国益とほぼ同義であった。しかし戦後においては「〔宗教〕法人法は宗教法人それ自体の「公益性」を必ずしも前提としたものではなかった」

（大原 一九九六、一六八頁）との指摘にあるように、宗教法人の公益性は、現行の宗教法人法制から読み取ることは不可能となった。

三 公益法人制度と宗教法人制度をめぐる公益性

前節で見たように、二つの法人制度の相違点は以下のとおりとなろう。公益法人は、①公益性の存在が明確化、②国家はその公益性を認定、そして宗教法人はそのどちらにも該当しない。

しかし、旧民法三四条には、「宗教は公益である」とされる解釈の余地が残されていた。公益法人制度改革に関連して二〇〇六年に民法の一部改正が行われた際、その旧三四条が削除されたが、新たに「学術、技芸、慈善、祭祀、宗教その他の公益を目的とする法人、営利事業を営むことを目的とする法人その他の法人の設立、組織、運営及び管理については、この法律その他の法律の定めるところによる」（三三条二項）と規定された。宗教学者の洗建によると、当初はこの条文中には「宗教」が入らないことになっていたが、宗教の公益性の根拠が法律上から消失してしまうことを危惧した宗教界からの強い要望が、この規定に反映しているという（洗他 二〇一六、一九一頁）。

ではなぜ、宗教は公益と関わっているということを、法制上で確保しておくことが望まれたのだろうか。言い換えれば、宗教は公益であると国家によって認定されていることの明示が必要だった理由は何であろうか。

その理由の一つは、租税優遇と公益性との関係にあると思われる。公益法人は制度改革以前から、

収益事業以外は非課税とする優遇措置が採用されていた。この非課税の根拠に関しても、公益概念同様、さまざまな議論があったが、公益法人制度の改正に伴い、その根拠は明確化したといえよう。

それは、「公益法人が行う公益目的事業に係る活動が果たす役割の重要性にかんがみ、当該活動を促進しつつ適正な課税の確保を図るため、公益法人並びにこれに対する寄附を行う個人及び法人に関する所得課税に関し、所得税、法人税及び相続税並びに地方税の課税についての必要な措置その他所要の税制上の措置を講ずるものとする」(公益社団法人及び公益財団法人の認定等に関する法律五八条)と規定されたことにある。

この規定に基づいて二〇〇八年度税制改正において所要の措置が講じられた(田中 二〇一七、二八四頁)が、その理由は、財務省によると、「公益社団法人・公益財団法人については、民間が担う公益活動を促進する観点から、税制上もその活動をサポートするための措置を講ずる必要がある」ためであった。その措置の内容とは、「旧民法第三四条法人に対する法人税の取扱いは、公益性が認められる事業を行うことを主たる目的とし、剰余金の分配が制限され、かつ、残余財産も同種の法人等に帰属するといった法人の公益性に鑑み、基本的には非課税」とするものであった(財務省ホームページ[3])。

このような税制上の措置は、「(公益法人等は)公益の追求を目的とするものであるため、その所得のうち収益事業から生じた所得のみが課税の対象とされ、それ以外の所得は課税の対象から除外されている」(金子 二〇一七、三一七頁)ことにほかならない。それはすなわち、公益法人に税制上の優遇措置が採用されているのは、公益法人が公益性を有していることがその根拠ということである。

そして前述のとおり、宗教法人も、法人税法上「公益法人等」に分類され、公益法人と同様の優遇

措置がとられている。この宗教法人に対する税制上の優遇措置の根拠についても種々の議論がある。一般的に流通しているものとしては、冒頭でみた新聞記事にもあるとおり、宗教法人には公益性があるため優遇措置が採用されている、とするものである。

これに対しては、「税の論理では公益の有無は全く無関係」（田中他 二〇一六、二二一頁）などの反論がある。だが、「旧民法の下で営利法人は課税、公益法人は非課税とされた歴史の故に、公益性が非課税の根拠であるとする思想は、深く根を下ろしており、容易に消えそうにない」（洗 二〇一一、五三頁）との指摘にあるように、税制上の優遇措置の根拠は、税法などから導かれる論理的帰結よりも、公益性との関連が重要視される状況がある。宗教は公益と関わるということを法制上で担保しておく理由はそこから推察できる。

しかし、国家が公益性を認定することは、公益法人がそうであるように、国家による干渉を受けることになる。宗教団体に対して国家が干渉することは、政教分離の原則に抵触する。そのため、公益法人が有する意味合いでの公益性を、国家が宗教法人に認定することはすくなくとも現状では難しい。

だがここで考えてみたい。国家が認定する公益性とは別次元の公益性もあるのではないか。戦前からの文部官僚であり、宗教団体法、宗教法人令、宗教法人法のいずれの制定経緯にも関与した井上恵行はこう述べている。

宗教法人は、公益を主目的とするから、公益法人であって、営利法人ではない。しかし、「公益を主目的とする」ということは、「公益事業を主目的とする」という意味ではない。もし公益法

人とは公益事業を主目的とする法人をいう、とするならば、宗教法人は公益法人ではない。というのは、宗教法人は、宗教活動を主目的とし、慈善・教育・博愛などの公益事業は副目的として行なうことができる程度にすぎないからである。（井上　一九九五、三三五―三三六頁）

前述のように、公益法人制度改革に際して、公益目的事業としていくつもの事業が列挙された。しかし、「不特定多数の人々の利益」というものに対しては、たとえ公益的とされる事業をいくら並べても、そこには間隙が生じてしまうだろう。僧侶としての顔も持つ井上は、宗教法人による宗教活動そのものが公益であると述べた。そしてさらに、宗教の果たす役割を、通説的解釈としての公益とは別次元のものと捉え、このようにも述べている。

宗教（もちろん人心を毒し公共の福祉を害するような宗教は別として）というものは、一般に公益を目的とするといわれるものとは本質上異なり、直接、人間の心の奥底につらなり、霊魂にふれ、いのちにかようもの、人をして安心立命、常楽法悦の妙境に住せしむるものであり、そして、それは国民の個人生活をゆたかにし、社会生活を浄化して、文化国家の向上に大きな役割を演ずるものである。（井上　一九九五、一五八頁）

四　おわりに――宗教法人の公益性とは

公益性の有無の判断は、現在を基点に「役に立つか否か」という観点から判断される傾向がある。つまり、その存在や役割に対して、特定の時代的・社会的有用性が問われるということである。たとえば戦時期では、公益は国益に吸収されていた。戦時体制下にあった一九四一(昭和一六)年、当時の京都帝国大学教授であった経済学者の谷口吉彦は「公益性の何たるかは、時と處とによつて、多少はその內容を異にしうるであらう。併し吾國の今日の段階においては、何が公益を意味するかは極めて明瞭である。國家の要求これである」と記している(谷口　一九四一、三二頁)。

このように、時代や社会の推移に伴い公益の概念や内容も変わりうる。すでに見たように、宗教法人法制上における公益性も同様であった。国益の意味合いが込められた時期を経て、現在では民法の条文中には残されているものの、公益法人と同じ意味での公益性は、宗教法人には存在しない。

では、宗教法人には公益性がないのか、という問いに対しては、それは違うといわざるをえない。前節の井上による言及の他にも、宗教学者の田丸徳善は、イスラム教における喜捨や日本の仏教の黎明期における社会福祉活動などを例にとり、宗教が公益的な役割を果たしてきたことを挙げ、現代の公益とは、「国家に奉仕する」のではなく、「一般の不特定多数の人たちのニーズにこたえる」ことであり、「(宗教は)精神的なニーズを満たしていく役割を果たす」と述べている(田丸　一九九五、三六―六四頁)。ここで触れられているニーズとは、公益と同様に時代的・社会的に変化するものである。公益は社会に役立つことであるならば、社会から要請されていることに寄り添うこともまた公益であるといえよう。その点に関しては同じく宗教学者であった阿部美哉も、宗教的使命による宗教活動を、社会のニーズと照合し調整することが重要であると述べている(阿部　一九九五、一二四頁)。

このように、宗教活動を社会のニーズにあわせるという、いわばチューニングの必要性の指摘は、時代やその状況に寄り添った活動が重要視されていることのあらわれである。しかし、そのような活動ができない現状についての宗教者の側からの報告もある。

一つ例をあげると、「現在の日本では、ますます、宗教離れ、宗教不信は進行し、逆に経済至上主義は優先されています。〔中略〕さらに私どもの教団〔引用者注：新宗教〕の場合、高齢化の問題も深刻です。このため、「公益性」や「社会的活動」（いずれも多義的であり多様ですが）を期待されても容易なことではありません」とする苦渋の声がある（櫻井・吉野・寺沢 二〇一一、一三九頁）。

この例のように、公益的な活動を要請する社会の雰囲気に対して、現状では対応が難しいと考える宗教法人や団体は少なからずあるだろう。これに対しては、宗教学者の島薗進がこう述べている。「目に見える」活動をすることは本来の宗教の役割ではなく、人々の精神的な部分に寄与すること、これが本来の宗教の役割であり、死の問題、心の痛み、人生の意味などを見いだしていくことが宗教の基礎的な価値である。このような宗教の基礎的な機能、いわば「宗教本来の宗教らしい役割を果たす」ことが「公益性の基礎」である（島薗 二〇〇九、五六―五七頁）。

島薗のいう、宗教本来の在り方を模索すること、そしてそれを実践することが、その通説的解釈に基づいて並べられた事業の総体としての公益性の間隙を満たしうる、宗教法人固有の、そして宗教固有の公益性なのではないだろうか。

（1）公益社団法人及び公益財団法人の認定等に関する法律二条四号「公益目的事業　学術、技芸、慈善その他の公益に関する別表各号に掲げる種類の事業であって、不特定かつ多数の者の利益の増進に寄与するものをいう」。別表にて、学術及び科学技術の振興を目的とする事業など二三種の事業が列挙されている。

（2）神社神道については宗教でないとすることから、神社には宗教団体法の適用はなかった。

（3）ただし、「平成二〇年度税制改正の解説については、文中、意見等にわたる部分は筆者の個人的見解であることを予めお断りしておきたい。」との但し書きがある。(http://www.mof.go.jp/tax_policy/tax_reform/outline/fy2008/explanation/index.html)

参考文献

阿部美哉　一九九五、「講演　宗教法人の公益性について」『宗務時報』第九六号、文化庁文化部宗務課。

洗建　二〇一一、「宗教と公益」『宗教法』第三〇号、宗教法学会。

洗建他　二〇一六、「宗教と公益性——横行する新自由主義的解釈」田中滋編『国家を超える宗教』東方出版。

石村耕治編著　二〇〇六、『宗教法人法制と税制のあり方』法律文化社。

井上恵行　一九九五、『改訂　宗教法人法の基礎的研究　五版』第一書房。

大石眞　一九九六、『憲法と宗教制度』有斐閣。

大隈義和　二〇一一、「「公益性」概念と結社の自由（一）——「公益法人」制度改革を素材として」『京女法学第一号』京都女子大学法学部。

大原康男　一九九六、「宗教法人に公益性はあるのか」『諸君！』第二八巻一号、文藝春秋。

金子宏　二〇一七、『租税法　第二二版』弘文堂。

古賀和則　一九九〇、「宗教法人法成立過程の予備的考察」『宗教法』第九号、宗教法学会。

古賀和則　一九九三、「宗教制度の改編過程」井門富二夫編『占領と日本宗教』未来社。

櫻井義秀・吉野航一・寺沢重法　二〇一一、「宗教の社会貢献活動（一）問題の射程と全国教団調査」『北海道

大学文学研究科紀要』第一三三号、北海道大学大学院文学研究科。
塩野宏 二〇〇九、「行政法における「公益」について――公益法人制度改革を機縁として」『日本學士院紀要』第六四巻一号、日本学士院。
島薗進 二〇〇九、「宗教学の立場から」全国青少年教化協議会付属臨床仏教研究所編『なぜ寺院は公益性を問われるのか』白馬社。
高橋和之他 二〇一六、『法律学小辞典 第五版』有斐閣。
田近肇 二〇一五、「日本における憲法と宗教法人法――比較法的検討」『宗教法』第三四号、宗教法学会。
田中治他 二〇一六、「宗教法人と税金」田中滋編『国家を超える宗教』東方出版。
田中啓之 二〇一七、「公益と租税」金子宏監修『現代租税法講座 第二巻 家族・社会』日本評論社。
谷口吉彦 一九四一、「公益性と營利性との矛盾と調和」日本學術振興會編『公益性と營利性』日本評論社。
田丸徳善 一九九五、「宗教法人の「公益性」をめぐる諸問題」『宗務時報』第九六号、文化庁文化部宗務課。
星野英一 一九七〇、『民法論集 第一巻』有斐閣。
堀田和宏 二〇〇六、「公益法人制度改革三法で何がどのように変わるのか 第四章「公益」はどのように捉えることができるか(上)」『非営利法人』第七四〇号、全国公益法人協会。
森泉章 一九七七、『公益法人の研究』勁草書房。
森泉章 一九八二、『公益法人の現状と理論』勁草書房。
我妻栄 一九六五、『新訂 民法総則(民法講義Ⅰ)』岩波書店。
渡部蓊 一九八七、「シンポジウム――宗教法人の公益性について　宗教立法の観点から」『宗教法』第六号、宗教法学会。
財務省ホームページ「平成二〇年度　税制改正の解説　法人税法の改正」二八二―二八三頁。
http://www.mof.go.jp/tax_policy/tax_reform/outline/fy2008/explanation/pdf/P245-P351.pdf

第8章　日本におけるキリスト教フェミニズムとその公益性

ミラ・ゾンターク

一　はじめに

日本ではキリスト教は人口の一％程度しか信徒がいない「マイノリティ」の宗教であるが、一六世紀に日本で布教が開始されたときから現在に至るまで、その中では常に女性が重要な役割を果たしてきた。キリスト教禁制の鎖国時代が始まった一七世紀に、西洋では男女平等を目指すフェミニズムが生まれた。フェミニズム運動は宗教団体（特にキリスト教諸派）と対立することも多かったため反宗教的な要素も強いのだが、女性の社会進出を推進したのがキリスト教宣教団体だったのもまた事実である。日本でも一九世紀以降に来日した女性宣教師が廃娼運動や、女性選挙権、一夫一婦制の実態化を求める運動を起こし、近代女子教育にも大きな影響を及ぼした。さらに日本人女性キリスト教徒と協力する組織をいくつも立ち上げた（一八八六年に結成された日本基督教婦人矯風会など）。一九三三年には高橋久野《ひさの》（一八七一—一九四四年）が日本で最初の女性牧師となり、彼女に続く女性牧師が戦時下の日本基督教団（日本最大のプロテスタント教団）などで指導的立場に立つこともあった。

こうした一見希望に満ちた始まりにもかかわらず、戦後の日本ではキリスト教会の運営や政策決定における女性の影響力は非常に限られていた。それが一因となり、日本基督教団の女性信徒と女性牧師によって、一九六八年に日本基督教団全国教会婦人会連合が立ち上げられる。さらに、高橋久野の按手《あんしゅ》(手を人の頭に置き、聖霊の力が与えられるように祈る牧師任命の儀式のこと)を記念して一九八三年に女性教職神学研究会が結成され、一九八五年に機関誌『神学研究』の発行が開始された。また、一九八四年に「女性と神学の会」が作られ、韓国女性キリスト教徒たちとの交流が始められた。そして二〇〇〇年には日本フェミニスト神学・宣教センターが立ち上げられ、よりラディカルな問い直しがなされるようになった。

本章では著作とインタビューをもとに、日本のキリスト教フェミニストたちを紹介し、彼女らが社会と諸教会に及ぼしている影響を分析する。二〇〇六—〇七年に実施した女性神学者たちへのインタビューでは、神学および信仰実践における「女性の視点」の可能性、そして各人が取り組んでいる活動に焦点を当てた。紙幅の都合でその際に調査したすべての女性を取り挙げることはできないが、インタビューを通して得られた生の声をできるだけ紹介したい。また本章は英語で発表した論文(Sonntag 2015)を短縮し、多少アップデートして編集したものであることを付言しておく。

本章ではまず、二一世紀の動きを理解する上で押さえておく必要がある背景として、日本のキリスト教フェミニズム言説を四世代に分けて検討する。次にキリスト教フェミニズム推進者がキリスト教という「マイノリティ」における「サブマイノリティ」として経験する困難をどのように克服しようとしているかを考察する。そして最後に、はたしてキリスト教フェミニズムが現代日本の「公益」に

貢献する運動か否かを考えたい。

二　現代日本におけるキリスト教フェミニズム言説

キリスト教フェミニズムの四世代

日本のキリスト教フェミニズムは、十五年戦争期（一九三一—四五年）以前に生まれた世代の女性たちが戦後に始めた活動が最初である。この世代に属する一色義子《いっしきよしこ》（一九二八年—）は、新渡戸稲造に学んだ河井道の一番弟子、一色ゆりの長女であり、河井のキリスト教的姉妹観（sisterhood）を継承している。戦前から豊かな国際交流を身近に経験し、サンフランシスコ神学大学で博士号を取得、世界教会協議会が開いた第一回「女性差別に抗する教会女性会議」（一九七四年）に唯一の日本人として参加し、日本人女性の地位の低さを痛感した。一色は恵泉女学園の理事長となり、矯風会会長やその他のキリスト教組織の理事を務め、二〇〇九年にキリスト教文化功労者に選ばれた。

この世代が取り組んだ共有の課題は、戦争責任、慰安婦問題、教科書検定問題、また韓国の「キーセン観光」（一九九〇年代まで売春ツアーを指した概念）におけるセックスワーカーと男女の賃金不平等の問題であった。背景には「国連婦人の十年」（一九七六—八五年）の影響があり、一九八六年に矯風会が「女性の家ＨＥＬＰ」（国籍・在留資格を問わない、女性と子どもたちのための緊急一時保護施設）を設立したのも、これらの取り組みの結果である。また一九八八年からは教会女性会議が定期的に開かれ、「女性と天皇制」についての議論が始まる。八〇年代からは少しずつ西洋のフェミニスト神学関連著作も

紹介されるようになった（一色 一九九一、二〇八―二一〇頁）。

一色の著書が示す通り、第一世代の女性たちは女性を肯定する聖書の場面に焦点を当てて神学的インスピレーションを得ていた。一色は日本で「受容の神学」(theology of acceptance)を確立したい、そのために女性たちはまず自分自身を受け入れるべきだと論じ(Isshiki 1992, p. 52)、個人の「内的解放」は、あらゆる共同体を「受容しあう共同体」へと展開させる「社会的解放」と共に進めるべきと考えた（一色 一九九一、二一八―二二五頁）。一色は「女性神学」という言葉を導入して、この二重の解放の「神学的基盤を築く」(Isshiki 1992, p. 51)ことを目指したが、聖書における女性についての一色の研究は、まだ「聖書学」的というより「牧会的」な面が強かった。

十五年戦争期中に生まれた第二世代の清水靖子（一九三七年―）はベリス・メルセス宣教修道女会のシスターで、パプアニューギニアやソロモン諸島の熱帯雨林とそこでの暮らしを守る活動を展開してきた。清水は、特に日本産業界による伐採事業および日本政府のODA活動を批判し（清水 一九九四）、執筆活動の他にもスタディ・ツアー、先住民の文化（音楽、神話など）を紹介する学習会を開いて支援を呼びかけている（清水 一九九七）。彼女は「女性神学」や「フェミニスト神学」という概念をほとんど用いていないが、上記の活動も、また早くから訴えてきた脱原発・自然エネルギー活用のための活動も、産業界によって権利を奪われている人々へのアファーマティブ・アクションとして理解できる。清水は植民地主義・環境破壊の宗教的根拠づけともなった従来の神観（神性＝「力」）をエコ・フェミニスト神学の視点から批判し、もろさ・繊細さ・弱さの中に潜む神性を強調する（清水 二〇〇四）。

同世代の絹川久子（一九三八年―）はすでに第一世代に生じていた聖書の女性たちへの関心を聖書学

的研究に発展させた。絹川はサンフランシスコ神学校に提出した博士論文をはじめとして、特にマルコによる福音書におけるイエスと女性たちの相互行為に注目してきた(絹川　一九九七)。そして「女性たちとイエスとの間の相互行為に見られたと同じ仕方で私たちもまた神学をしている」と確信し、女性は「自身の神学を創り、それによって自らを活性化し、教会と社会において平等の立場に立つ弟子」になり得ると論じた(絹川　一九九七、二七九頁)。絹川はアジア唯一のフェミニスト神学雑誌 *In God's Image* の編集委員であり、多くの西洋フェミニスト神学書の邦訳を出し、聖書を「女性」および「ジェンダー」の視点で読むための具体例を提示してきた(絹川　一九九五、二〇〇二)。また近年はマルコによる福音書の再検討に取り組んでいる(絹川　二〇一四)。

戦後生まれの世代に属する山口里子(一九四五年―)は絹川と同様、聖書学に強い関心を持ち、アメリカのエピスコパル神学校で博士号を取得し、後に学位論文を一般読者向けに英語と日本語で公開した。山口は新約聖書におけるマリアとマルタの話(ヨハネによる福音書一一章一節―一二章一一節)を中心に「エリート男性中心視点から形成されてきた歴史的記憶の中で、人物像が歪められてきた女性/他者たちの歴史的記憶を、より適切な形で記憶し直す」ことは、女性の正義を取り戻すことだと示そうとした(山口　二〇〇四、二三頁)。その後山口は諸大学・神学校講師や出版などを通して、聖書の批判的読解をさらに展開し、「声なき者」にされた「女性/他者」の歴史の再構築と史的イエス自身のメッセージを探求することの重要性を指摘している(山口　二〇〇九、二〇一七)。

二〇〇〇年に山口と絹川の二人は日本フェミニスト神学・宣教センターを立ち上げ、共同ディレクターを務めてきた。同センターは日本で初めて「フェミニスト神学」という言葉を使い、性別・性的

指向を問わない委員会・セミナー集会と新しい礼拝の形を求める「リタジー」を定期的に開き、『センター通信』を出している。

山口と同世代のフェミニストとして小林幸子《さちこ》（一九四七年―）も挙げられる。小林は若い頃に日本聖公会の聖職者になることを目指したが、女性ゆえに承認されず、「婦人伝道師」として五年働く。一九八〇年代より「女性が教会を考える会」で仲間とともに司祭を目指す女性たちを応援し続け、一九九八年に日本聖公会の承認を獲得した。小林自身は聖職者にならなかったが、聖公会神学院の「女性神学セミナー」の企画、「女性が教会を考える会」発行の祈り集『こころを神に』の編集発行に関わってきた。また、日本聖公会東京教区人権委員会委員として活動し、ハンセン病者に対する教区の謝罪表明を求め、二〇一六年に達成した。

山下明子（一九四四年―）もこの世代に位置付けられる。山下は京都にあるNCC日本宗教研究所の研究員を務め、同志社女子大学嘱託講師としてキリスト教とジェンダーを教え、世界人権問題研究センターの研究員とアムネスティ・インターナショナル日本「慰安婦」問題チームコーディネーターとしても活躍してきた（山下　一九九七）。彼女はまた文化人類学者として数十年にわたってアジア諸国の女性たちと対話を続けている。山下は「女性神学」に新しい発想を加え「女生（女・生きる）神学塾」という運動を立ち上げ「女性たちが、自分の経験を語り、その生《なま》の物語を自身で神学する」よう励ましている（キリスト教女性センター編　二〇一三、三頁）。

キリスト教フェミニズムの戦後第二世代を代表するのは堀江有里（一九六八年―）である。堀江は日本基督教団の「レズビアン牧師」として一九九四年にＥＣＱＡ（信仰とセクシュアリティを考えるキリス

ト者の会）を立ち上げ、その他様々な「性的少数者」運動にも参加してきた。堀江は日雇労働者・在日・ホームレスの人々を支援する牧師たちの働きに共鳴して日本基督教団の牧師となり、その教師検定試験を受ける時点ですでに「カミングアウト」していた。堀江は社会学者としてもキャリアを積み、「性的少数者」に対する差別を中心に教会内外の差別構造を研究するとともに、反差別運動内に生じる差別にも目を向けてきた（堀江 二〇〇六など）。そして反差別運動においても「シングル・イシュー」（単独の課題）に集中することによって他者排除が起こること、また運動・共同体の積極的な自己主張が異見を表明する人々への新しい差別の原因となり得ることを指摘している（堀江 二〇一二）。

「女性の視点」の多様性

これらの女性たちは様々なネットワークによってつながってはいるものの、必ずしもすべてにおいて共通の意見を持っているわけではない。しかしフェミニスト運動の中での意見の多様性はまだ十分に認識されておらず、また日本のフェミニスト神学はまだ多様性に欠けているという指摘もある（絹川、二〇〇七年二月二三日のインタビュー）。

インタビューした女性たちのほとんどは「男性の視点」とは異なる「女性の視点」に言及したが、同時にすべての女性の考えを包括するような「女性の視点」という概念を否定していた。たとえば堀江は次のように述べる（二〇〇七年三月一日のインタビュー）。

女性としての共通認識、日常感覚としての共通認識はあり得ると思う。ただ主婦の人と一人で稼

いで生計を立てなければならない人とは違うし、私は家に住んでいて、ホームレスの女性や家のない女性とはまた視点が違う。また、やはりレズビアンである私とレズビアンが世の中に存在することすらも気づかない女性とは視点が違う。だから「女性」とひとくくりに言っても、みんなばらばらだと思う。みんな違うのだということを認識しないと、女性からの視点は成り立たないのではないかと思う。

このような多様性を尊重すれば、すべての女性たちが分かち合うべきものとしてのフェミニスト神学の構築を追求しないのは当然であろう。絹川は、お互いに補い合って異なる立場からフェミニスト神学を豊かなものにしたいと話していた(二〇〇七年二月二三日のインタビュー)。他の女性たちも同様に考えており、そして多様性の中で共通する面もある。インタビューした女性たちは共通して日本の帝国主義的過去とその暴力(性暴力を含む)を批判し、女性の問題に限らず抑圧・差別されている様々なマイノリティとともにあらゆる形の暴力と闘おうとしている。また一様に、暴力を正当化する「神」の観念を拒否していた(小林、二〇〇七年二月一九日のインタビュー)。

以上のように多様性を積極的に受け入れようとする女性たちだが、諸教会の現場においては彼女らの主張が誤解され、あるいは様々な解釈と並ぶ「単なる一つの解釈」とされることも多い。

教会における性別役割分担への対応

日本で女性キリスト教徒が担うことができる役割は教派によって異なる。一九三三年以来、女性牧

師を認めてきた日本基督教会の伝統を受け継ぐ日本基督教団では〔二〇一七年三月三一日現在〕、牧師の二三％が女性である。だが主任牧師になる女性の比率は現在でも少ない〔正教師の二一％、補教師の三九％が女性〕。また近年は多少の変化が見られるものの、同教団の会員の六五％は女性であるにもかかわらず、役員や長老などの指導的立場についたり「代表」となったりするのは圧倒的に男性が多い〔『日本基督教団年鑑』二〇一八〕。また、自ら指導的な役割につくのを避けて台所仕事などに専念する女性も多い。

山口は、牧師と結婚している自身の立場から、教会が「牧師夫人」〔男性牧師の妻〕に特別の期待を寄せる問題点を指摘し、また一般社会と同様の教会における性別役割分担の意識を問うてきたが、この点でも変化は遅いという。

儀礼をめぐる考え方

「インクルーシブ・ランゲージ〔差別のない、社会の多様性を反映する包含的表現〕」の使用、暴力的イメージの排除、そして女性のエンパワーメントを目指す〔礼拝、儀式などの〕儀礼改革はキリスト教フェミニズムの中心目標である。山口は、神学生たちとともに従来の形式にこだわらない対話に開かれた礼拝や「いのちのパン作りリタジー〔礼拝〕」など食事を中心にした礼拝の創作などを試み、賛美歌創作グループに繋がって、新しい神学・霊性の表現作りにも取り組んでいる〔山口、二〇〇六年一二月一八日のインタビュー等〕。

一方で堀江は儀礼改革について、根本的な再考察が必要だとして次のように述べている〔堀江、二〇

〇七年三月一日のインタビュー)。

伝統的な儀式をオルタナティヴな儀式に変えようとみんなで考える際には、たとえば三角のものを四角のものに、あるいは丸に変えてみようとなる。それはそれでおもしろいけど、私はそもそも三角、四角や丸というものが根源的にもっと問われる必要があるのではないかと思う。礼拝とは何かということを考えなければ、何か他の選択肢をつくったところでそこにある問題性は認識されないのではないか。

一時期教会での働きから離れていた堀江はまた、儀礼における牧師の権力の行使を強く意識している。牧師だけが「三〇分間一人で誰にも反論されずに話すことができる」ことに強い疑問を持ち、儀礼によって日常とまったく異なる空間が作られることも批判する(堀江、二〇〇七年三月一日のインタビュー)。このように根本的に儀礼を考え直そうとする人もいるが、日本のキリスト教フェミニストたちの多くは従来の教会の礼拝に参加しつつ、問い直しを通してそれが変わっていくことを願っている。

三　キリスト教フェミニズムというマイノリティの連帯相手

西洋フェミニスト神学と同じく、日本のキリスト教フェミニズムでも「父権制」は重要なキーワードである。たとえば絹川は「父権制的特徴をかなりの部分で共有する日本社会に生きる女性として、

このような女性としての経験は、〔聖書の〕テキストの背後に隠され見えなくなっている女性たちの実態を生き生きと把握するのに役だった」（絹川　一九九七、二六七頁）と確信し、父権制社会に生きる女性としての立場を解釈の視座とする。

山口は政治・社会的父権制とともに「男性中心的言語」にも注意を向ける。そこでは「標準形＝男性形」という文法表現で「女性」が見えなくされるだけでなく、男性が人間の標準・代表という思考が無意識に染み込まされる。この点でも「意識向上」を図り、多様な背景とアイデンティティを持つ人々が繋がり合うことで「気づき」を増やし、それを共有して未来を拓きたいという。このようにキリスト教フェミニストというマイノリティに属する人々には、他のマイノリティとの連携を目指す傾向がある。

アイデンティティの流動性と重層性を強調する堀江は、それが「女性」であれ「レズビアン」であれ、特定のアイデンティティを想定することを批判的に見る。そして他のキリスト教徒とキリスト教フェミニストに対して批判的意見を表明し続け、意味ある協力関係を保とうとしている。

地域、時代、宗教を超えた対話

旧約・新約聖書時代の女性たちの実態を掘り起こし、彼女らの経験と宗教実践を現代のキリスト教共同体の生活に反映させようとする試みは、「時代」のみならず「地域」と「宗教」の境界も超えた対話と見ることができる。過去の女性たちの状況を変えることはできないが、想像力を駆使して彼女らと対話することは時代を超えた連帯感を生み、異なる民族・文化・思想からの学びを可能にする。

現代における対話と言えば、他宗教の立場から書かれた記事も多く含む*In God's Image*誌は、絹川をはじめ日本のキリスト教フェミニストによるアジア諸国の女性たちとの対話の一例である。（本誌は、一九八二年に二人のアジア女性神学者によって創刊され、一九八七年にAsian Women's Resource Centre for Culture and Theology（AWRC）の機関誌となり、年に二回発行される。）山下もそうした対話に積極的に取り組んでおり、「女生（女・生きる）神学」を通して女性たちのエンパワーメントと同時に宗教間対話を推進している。日本フェミニスト神学・宣教センターも定例会に時々他宗教の講師を呼んでいる。

従来の「男性主流」（male-stream）の宗教間対話は、問題となりそうな点には触れないという原則で行われてきたが、フェミニストはそれぞれの宗教共同体を分裂させる諸問題に注目し、諸宗教に通じる積極的倫理——父権的な教義によって覆い隠されてきたもの——の再生を目指す。問題解決と対処に向けた「戦略の分かち合い」も大切な目標である。山口は、女性たちは宗教間対話を通して神学思想と同時にその人間学を磨き、「レインボー・コアリション（多種多様なマイノリティの、虹のような連携）」とも呼べる多様な国際連帯運動を形成し広げ、私たちを父権制の向こう側に導いてくれる霊性を取り入れる」（Chun et al. 2000, pp. 126–127）ことができると考える。その際、様々な宗教伝統から都合のよい要素だけを取り入れるのではなく、自己批判的に吟味をしつつ宗教間対話を進めることが二一世紀の平和に欠かせないと述べる（山口 二〇〇九）。また絹川は、日本のあらゆる宗教には女性差別の要素があり、それが日本の多宗教文化を支えているので、女性は「調和」というイデオロギーを疑わなければならないという（Chun et al. 2000, p. 78）。

「性的少数者」

二〇〇八年に山口は宗教間の「レインボー・コアリション」のコンセプトを拡大して、そこに「性的少数者」を含めるに至った。山口は「聖書によれば同性愛は罪」という偏見に聖書学の分野から挑戦し、「人間に与えられた生と性の神秘性と豊かさは、「虹」に譬えられる」(山口 二〇〇八、一一頁)と述べた。とはいえ山口は自分が「偏見を完全になくしたとか、「当事者」の痛みを「分かる」など」とは一切主張しない。彼女は「性に基づく差別の問題は私自身の問題」と受け止め、「自分にできることで応答する者でありたい」(同書、九頁)という。そして「自分にできること」は聖書学だと理解し、「神学の学びをとおして、キリスト教の父権制的な力と闘っている人々の連帯に貢献」(同書、一四頁)し続けていきたいと考える。

山口以前にも、異性愛者という「マジョリティ」が「当事者」とされる「性的少数者」に「代わって」問題を提起した例はいくつかあり、堀江は、これは日本のキリスト教フェミニズムの一つの特徴といえるかもしれないと述べている(堀江 二〇〇六、二〇〇七年三月一日のインタビュー)。しかし堀江の著作では、マジョリティが「当事者」に「代わって」主導する言説には十分な自己反省が欠けている場合があるという問題提起もなされている。

四　おわりに

日本でキリスト教フェミニズムを推進する女性たちは多様な視点を持ち、学問(神学)と社会改革的

実践を結びつけようとしている。そして教会の父権制的構造、礼拝・儀式、他宗教や様々なマイノリティとの連帯に注目しながら、性別役割分担の神学的基盤を問う研究を進めている。闘いの中では、女性の役割とされているもの(「牧師夫人」、台所仕事など)を拒否しなければいけない場合もある。今回調査した女性たちは自分たちに期待される役割を拒否することで、それぞれの共同体において「躓《つまず》きの石」となり、議論を呼び起こし、そして女性の役割と宗教実践の新しい解釈の形成に貢献しようとしている。

信徒の日常生活と対話しながら「神学」するという方針は、信徒と聖職者の間の線引きと、両者間のヒエラルキーを覆す。キリスト教フェミニズムの推進者はたとえその共同体の「マジョリティ」から批判されても、今後も様々な「マイノリティ」と手を結び合い続けるだろう。彼女らは、そうすることで憲法にも保障されている人権と民主主義の理念を推し進め、宗教共同体内外における差別をなくそうとしている。これは、女性たち自身の「私益」を超える、社会全体の「公益」に貢献する働きと言えるだろう。

参考文献

一色義子 一九九一、「女性神学とは何か」一色義子・島しづ子・弘田しずえ・山口里子・富山妙子・小久保喜以子編『解放の神学――女性からの視点』燦葉出版社。
絹川久子 一九九五、『女性の視点で聖書を読む』日本基督教団出版局。
絹川久子 一九九七、『女性たちとイエス――相互行為的視点からマルコ福音書を読み直す』日本基督教団出版局。

絹川久子 二〇〇二、『ジェンダーの視点で読む聖書』日本基督教団出版局。
絹川久子 二〇一四、『沈黙の声を聴く』日本基督教団出版局。
キリスト教女性センター編 二〇一三、『女・生きる――「女生神学塾」運動』かんよう出版。
清水靖子 一九九四、『日本が消したパプアニューギニアの森』明石書店。
清水靖子 一九九七、『森と魚と激戦地』北斗出版。
清水靖子 二〇〇四、「樹と神の女性イメージ」『日本フェミニスト神学・宣教センター通信』二七号。
堀江有里 二〇〇六、『「レズビアン」という生き方――キリスト教の異性愛主義を問う』新教出版社。
堀江有里 二〇一二、「在日韓国人コミュニティにおけるレズビアン差別――交錯する差別／錯綜する反差別」天田城介・村上潔・山本崇記編『差異の繋争点――現代の差別を読み解く』ハーベスト社。
山口里子 二〇〇四、『マルタとマリア――イエスの世界の女性たち』新教出版社。
山口里子 二〇〇八、『虹は私たちの間に――性と生の正義に向けて』新教出版社。
山口里子 二〇〇九、『新しい聖書の学び』新教出版社。
山口里子 二〇一七、『イエスの譬え話2――いのちをかけて語りかけたメッセージは？』新教出版社。
山下明子 一九九七、『戦争とおんなの人権――「従軍慰安婦」の現在性』明石書店。
Chun, K-R. et al. 2000, *Women Moving Mountains: Feminist Theology in Japan*, AWRCCT.
Horie, Y. 2009, "'Erasure' of Lesbian Existence: Considering the Pitfall of the Connotation of 'Sexual Diversity'", *In God's Image*, vol. 28, no. 4.
Isshiki, Y. 1992, "A Theology of Acceptance: A Feminist Survey of the Gospels", *Keisen Joshi Gakuen Daigaku Jinbungakubu Kiyô*, vol. 4.
Sonntag, M. 2015, "Christian Feminism in Japan: 'Minoritarian' and 'Majoritarian' Tendencies, Struggles for Self-Assertion, and Multiple 'Lines of Flight'", *Journal of Religion in Japan*, vol. 4.

三　見えない宗教、見せる宗教

【争点3】 宗教のメディア露出は、宗教の衰退なのか？

西村 明

メディアに進出する僧侶たち

二〇一〇年代は、インターネット（以下、ネット）を含めたメディアへの仏教者の露出が目立つ。「お坊さんバラエティ ぶっちゃけ寺」[1]というTV番組を見たことがある人もいるだろう。この番組の立ち上げにも関わった浄土宗僧侶の井上広法《こうぼう》は、東日本大震災を契機として、IT事業に従事していた堀下剛司らとネット上の僧侶への質問サイト「hasunoha」を立ち上げ、運営している。[2]二〇一六年三月末からの約二カ月は、フジテレビ系列の昼間の生放送情報バラエティ番組「バイキング」において毎週火曜日の「人には言えない心のホンネ堂」というコーナーで、「hasunoha」に寄せられた悩みやそれに対する僧侶の回答が紹介され、同年九月には『hasunoha お坊さんお悩み相談室』（小学館集英社プロダクション）として書籍化もされている。

この他にも、目立った動きは枚挙にいとまがない。二〇〇三年に松本紹圭《しょうけい》が立ち上げたネット上の寺院の彼岸寺は、イベントなどの情報発信や法話・コラムの掲載を通じて、宗派を超えた僧侶と一般人との交流のプラットフォームとなっている。また「お坊さん＝お葬式」というイメージを脱却し、「仏教の持つ豊かな可能性に出逢っていただくためのきっかけ作り」を謳い、コラムやイベント情報を掲載する「フリースタイルな僧侶たちのフリーマガジン」は、二〇〇九年にスタートし、二〇一八年五月には

五〇号を発刊している(当初隔月、二〇一七年より季刊)。

こうした活発な仏教者のメディア露出や積極的な社会への発信は、仏教者としての本領を離れて、宗教としてのあり方の衰退を示しているのだろうか?

派遣される僧侶たち

実際、これらの、特に若手仏教者を中心とした積極的な取り組みと同時進行で見られる現象として、従来の宗教的慣行を大きく否定するような企業的取り組みがある。例えば、社会的な注目を浴びた出来事として、アマゾンお坊さん便が挙げられる。これはネット通販大手のアマゾン(Amazon)が二〇一五年一二月八日に開始した、定額制で葬儀や法要への仏教各宗の僧侶を派遣する事業である。事業開始直後からアマゾンにはサービス利用に関する問い合わせが殺到したが、それは利用者側からの連絡ばかりではなく、僧侶側からの派遣登録の希望もそれ以上に多かったという(NEWSポストセブン 二〇一五年一二月一八日)。他方で、全日本仏教会(全日仏)は同月中に理事長談話を出し、宗教行為をサービスとして商品にしているとして、アマゾンの宗教に対する姿勢に疑問と失望を表明した(全日本仏教会 二〇一五年一二月二四日)。さらに、翌年三月には販売中止をアマゾンに申し入れている(全日本仏教会 二〇一六年三月四日)。しかし、全日仏のこうした姿勢に対しては電話やメールで批判も寄せられている。「なぜお布施と称して多額の金銭を要求するのか」「対案も出さずに批判するのか」といったもので、慣行的な布施のあり方、金額決定の不透明さに対する疑問の声が噴出した形となった。全日仏では、二〇一六年九月に「法務執行に関する協議会」を立ち上げ、翌年一一月の理事会に提出した具申書において「反

省するべき点は大いに反省し、襟を正し、愚直に信頼を回復していく」という反省の弁を記した（「神社・仏教　大騒乱」取材班　二〇一八）。

実はこのアマゾンお坊さん便はアマゾンが直接提供しているサービスではなく、葬祭業関連のITベンチャー企業の「みんれび」（二〇一八年六月、「よりそう」に社名変更）が二〇一三年に運営を開始したもので、それをアマゾンマーケットプレイスに出品（テナント出店）したものである。同社の広報担当者は、「従来の葬儀や法事のあり方に不明瞭な部分があったことの裏返しだと思います。特にこれまでお寺と付き合いがない人は、いざ僧侶を呼ぶとき、どこへ連絡していいのかも分からない。その意味で「お坊さん便」は人々とお寺をつなぐ新たな窓口であって、お寺業界と対立するものではない」と答えている（小川　二〇一八年五月一三日）。また、こうした定額制の僧侶派遣サービスは同社が最初ではなく、「おぼうさんどっとこむ」（二〇〇四年開始）や「小さなお葬式」（株式会社ユニクエスト、二〇〇九年開始）などの先行事例がある。したがって、一ベンチャー企業の特異的なサービスという訳ではなく、二〇〇〇年代の日本社会に潜在していた論点が、アマゾンという現代の巨大グローバル企業の関与も相まって、大きな話題となって顕在化したということだろう。

利用者の声や派遣を希望する僧侶の声にうかがわれるのは、従来の形で寺院と檀家の関わり（寺檀関係）を継続することが困難となっているという現実である。郷里を離れ都市で生活をする人々にとって、寺院との日常的な関わりや帰属意識は遠のき、先祖代々の墓を整理する「墓じまい」を機に、檀那寺《だんなでら》との関係を完全に断つ人々も現れている。さらに、直葬やゼロ葬など宗教者の介在しないシンプルな葬儀形態を選択する人々も現れている。定額制の僧侶派遣サービスに頼る人々は、そこまで無宗教に徹する

わけではなく、仏教式の葬儀を必要としながらも、寺院の姿勢に敷居の高さを感じたり、不透明な布施の金額に疑問を持ったりして、寺院に積極的な関わり方をできずにいる層であると理解できる。他方で、派遣を希望する僧侶の側も、従来からの檀家との関係維持に危機感を覚え、寺院経営的な観点から新たな窓口を模索している現実が見えてくる。こうした動きは、従来の仏教のあり方を基準にすれば、衰退の一面を表しているようだ。

美坊主の登場

二〇一〇年代はさらに、僧侶への社会的なまなざしに大きな変容が見られ、それも仏教の宗教としての衰退を表しているように見える。例えば、二〇一二年に日本美坊主《びぼうず》愛好会による『美坊主図鑑』(廣済堂出版)という本が刊行された。そこには、四〇人の若い男性僧侶たちが登場し、一万部以上を売り上げている。また、ちょうどアマゾンお坊さん便が登場した二〇一五年一二月、東京ビッグサイトでおこなわれたエンディング産業展にて、「美坊主コンテスト二〇一五」が開催され、その後毎年続いている。

コンテストを主催する株式会社おぼうさんどっとこむの代表で、自身も僧侶である林数馬(行摂)は、「仏教や僧侶というものを、もっと身近に感じてもらいたい」「寺の敷居を高くし、生活者の意識とここまで距離感ができたのはなぜなのか。そもそも仏教とは誰かが亡くなってからではなく、「いま」を生きるすべての人の、下支えをするものではないのか。このままでは仏教は廃れてしまうと思う」と、その危機感を吐露している(滝野 二〇一五、二六頁)。

宿坊《しゅくぼう》研究会代表で寺院コンサルタントとしても活動している堀内克彦も、美坊主コンテストを批判す

る仏教者は、「お坊さん世界にどっぷり浸かりすぎているので、お坊さんと全く接する機会のない人が世の中の大半だということを、見ることができて」おらず、そうした人々が僧侶へのネガティブなイメージを持っていることに気づけていないのだと指摘している（堀内 二〇一五）。

そうした指摘を踏まえれば、美坊主コンテストをはじめとして、新奇なものとも受け取られるこれらの取り組みは、宗教としての衰退というよりも、そうした衰退の傾向に抗って、仏教者が改めて社会と関わるための回路を模索している姿として理解することができる。

メディアに登場するのは仏教者だけか？

メディアへの露出が高くなっているのは、仏教者ばかりではない。キリスト者も独自の仕方で、メディア進出を模索している。世田谷区駒沢にある上馬《かみうま》キリスト教会のツイッターは、二〇一八年七月時点でフォロワーが六万五〇〇〇人を超え、日曜礼拝の参加者がツイッター開始から一年で二倍になったのだという。さらには従来新規の教会訪問者数が年二、三人程度であったのが、二〇一七年には二〇〇人近くが訪れたのだという（「文春オンライン」編集部 二〇一八）。ツイッターの内容は、キリスト教や聖書に関する知識ばかりではなく、教会らしからぬ笑い話も交えてあり、それがキリスト教信者以外にも受けているようだ。

二〇一七年四月には、「フォロワー二万人超えで話題のお化けアカウント「上馬キリスト教会」の破壊力あるつぶやきを、オリジナル日めくりカレンダーにしたい」とクラウドファンディングサイトのCAMPFIRE上でプロジェクトが立ち上がり、二週間で一五六人から支援を受け、目標額の六〇万円

を一四万円上回る資金調達がなされた。このカレンダープロジェクトの企画者は週刊『キリスト新聞』編集長松谷信司で、彼自身もツイッター上で話題になった人物である。二〇一六年一〇月に青山学院大学の相模原キャンパスで開催された講話のタイトルを「イエスぱねえ マジ神すぎてワロタｗｗ」とし、そのポスターを見つけた別の人物がツイッターに投稿したところ、約三万三〇〇〇件のリツイート、約二万五〇〇〇件の「いいね」の反応があり、ネット上でも拡散されて大きな話題となった。

民放テレビの全国放送で不特定多数の視聴者の目に触れる機会があるバラエティ番組へ登場したり、ツイッターなどのソーシャル・ネットワーキング・サービス（SNS）で不特定多数に情報が共有されたりという点で、仏教者やキリスト者の露出が目立つ。それに比べ、新宗教の教師や信者は目立たない。とりわけ、マスメディアにおける新宗教の取り上げ方は、スキャンダルに集中しがちであり、宗教学者の石井研士が指摘するように反社会的・暴力的傾向にない教団も同様に排除される傾向にある（石井 二〇〇八、八八頁）。

それには、一九九〇年代にオウム真理教事件をはじめ、新宗教の事件やスキャンダルが続いたことも影響していよう。二〇〇〇年代に入ると、江原啓之のように教団宗教の体裁を取らずに心霊的な内容を扱う番組も登場したが、二〇〇七年に全国霊感商法対策弁護士会から要望書が提出され、見直された。二〇一〇年代の宗教のメディア露出は、そうした先行する動きを踏まえた上で、二〇一一年の東日本大震災以降に宗教の社会的関与への期待の高まりに呼応する形で、像を結んでいるのだと理解できる。それぞれの取り組みを目にする機会は今後も増える可能性があるが、各メディアにおける諸宗教の扱いや表れ方のクセに留意してつきあう必要があるだろう（第10章参照）。

注

（1） 二〇一四年九月からテレビ朝日系列で毎週三〇分の深夜番組としてスタートし、翌春からは月曜一九時からの一時間番組として約二年続いた人気番組であった。お笑いコンビの爆笑問題が進行役で、「意外と知られていないお坊さんの内情」についての各回のテーマ設定に合わせて、毎回五人の僧侶が出演するという形式のものであった。

（2） 二〇一八年七月末現在、約二二〇名の僧侶からの回答数は約四万六〇〇〇件を数え、その回答への謝意を示す「有り難し」のボタン（これは質問者以外も押すことができる）は六二万件以上押されており、活発にやり取りがなされていることがうかがえる。

参考文献

石井研士 二〇〇八、「ステレオタイプ化する宗教的リアリティ」国際宗教研究所編『現代宗教２００８』秋山書店。

小川寛大 二〇一八年五月一三日、「アマゾン「お坊さん便」vs仏教界　いまだ停戦に至らず」NEWSポストセブン https://www.news-postseven.com/archives/20180513_670807.html?PAGE=2（『ＳＡＰＩＯ』二〇一八年五・六月号からの再録記事）。

「神社・仏教　大騒乱」取材班 二〇一八、「アマゾンに白旗を掲げた日本仏教界が直面する寺院消滅元年の明暗」『週刊ダイヤモンド』二〇一八年三月二四日号、ダイヤモンド社。

全日本仏教会 二〇一五年一二月二四日、全日本仏教会理事長談話「Amazon のお坊さん便　僧侶手配サービス」について http://www.jbf.ne.jp/activity/3474/3483/1600.html

全日本仏教会 二〇一六年三月四日、「Amazon のお坊さん便　僧侶手配サービス」について販売中止の

お願い文書提出のお知らせ http://www.jbf.ne.jp/activity/3474/3483/2408.html
滝野隆浩 二〇一五、「「身じまい」のおと――「美坊主コン」の小さな波紋」『毎日新聞』二〇一五年一二月二六日地方版／東京。
NEWSポストセブン 二〇一五年一二月一八日、「アマゾンお坊さん便　僧侶から登録希望殺到も仏教界は批判的」https://www.news-postseven.com/archives/20151218_370767.html（『週刊ポスト』二〇一五年一二月二五日号からの再録記事）。
「文春オンライン」編集部 二〇一八、「6万人がフォローするアカウント「上馬キリスト教会」〝ツイッター伝道〟とは何なのか――聖書とツイッターは相性がいい？（前編）」文春オンライン http://bunshun.jp/articles/-/7429
堀内克彦 二〇一五、「美坊主コンテストを痛烈に批判する人が見ようとしないもの」宿坊研究会　ほーりーの旅ブログ二〇一五年一二月一一日 http://syukubo-blog.com/2015/12/11/9467

第9章　日本文化論の中の宗教／無宗教

星野靖二

「当時我が上流社会に在る者に対して君は何れの宗教を奉ずるやと問はゞ必ず之に答て曰はん吾は無宗教者なり故に如何なる宗教も奉信せずと」井上円了「無宗教も亦一種の宗教なるを論ず」『令知会雑誌』四七号、一八八八（明治二一）年二月二一日（原文は旧字・片仮名書き。引用に際し適宜、濁点を補った）。

一　はじめに

一八八八年に井上円了は、当時の「上流社会に在る者」は自らを「無宗教者」と考えているとし、それを批判的に捉える論説を著した。「無宗教」も実は「唯物宗」や「不可識宗」といった「一種の宗教」であるとする井上の議論は一般化することはなかったが、しかし何をもって「宗教」あるいは「無宗教」とするかという、現代に至るまで明確には合意が得られていない論点が既に提示されているのを見て取ることができる。以下、本章では、現代日本における「宗教」あるいは「無宗教」をめぐる語

りを、日本文化論の中に位置付け、また文化ナショナリズムという視点において検討していきたい。

近代的 religion の翻訳語としての宗教

冒頭で一八八八年の文章を引用したが、よく知られているように現代日本語における「宗教」なる語は、西洋語における近代的 religion の翻訳語として用いられたものである。なお「近代的」としたように、もたらされた religion も、西洋の、とりわけ近代において組み上げられた歴史的概念であることを先に述べておく(深澤 二〇〇六、増澤 二〇一五など参照)。後述するように、外からもたらされた「宗教」と「日本の宗教」を対比させる議論において、前者の「宗教」はしばしば明瞭な輪郭を持つ非歴史的なものとして措定されたり、時にはキリスト教と等価なものとして捉えられたりするが[1]、そもそもそうした議論は religion の動態性を視野に入れていないという問題があるのである。

さて、近代日本における「宗教」概念の展開については、既に一定の研究蓄積がある(例えば磯前 二〇〇三、星野 二〇一二など参照)。「宗教」という語は、幕末維新期に諸外国との外交文書において religion の訳語として用いられていたことが確認されているが、明治初期には教門や法教などといった他の訳語と併用されており、これが一般的な語として定着していったのは一八八〇年代のことであると考えられている。冒頭で掲げた井上円了の引用は「無宗教」という語のかなり早い用例であるが、興味深いのはこの段階で既に東洋と西洋との比較が行われていることである。

井上は、「西洋に在ては独り耶蘇教を以て宗教とし他は皆真の宗教に非ず」とするような偏頗な議論が行われているとしたうえで、「東洋に至て之を観れば独一の造物主宰者を立つるに非ざる者にし

て而も宗教の名称を得且つ耶蘇教と同一の結果を有するもの」があると論じる。ここで井上は仏教の弁証を念頭に置き、キリスト教中心的な宗教概念を修正する形で、仏教をキリスト教と同様に正規の宗教として含みうるような宗教概念を提示しようとした、とひとまずはいうことができる。しかし同時に、仏教やキリスト教などの個別の宗教のより上位に総称としての宗教が想定されている——「宗教の名称は総体の名目」——という点において、それはまさしく近代的 religion を引き受けたものでもあった。

　このように、既にこの段階において、外からもたらされた「宗教」を日本に受け入れる際に、交渉と読み替えが行われていることを確認することができた。その意味では、現代まで引き継がれている「宗教」をめぐる構造的な問題が既に示されているのであるが、以下この問題を検討していきたい。

二　外からもたらされた「宗教」

　既に見たように、「宗教」なる語が religion の翻訳語として明治期に定着したということは繰り返し指摘されてきているが、それはしばしば本来的な「日本の宗教」にはあてはまらないという議論に結びつけられることになる。

山折哲雄の議論

　その一つの典型として、山折哲雄の議論を見ておきたい。山折は、一九九六年に出した『近代日本

人の宗教意識』の冒頭で、「日本人の無神論的心情」を「歴史的にみれば明らかに、一種の宗教的外圧に屈して生みだされた自己認識の産物であったと思う」(山折 二〇〇七、四頁)としているが、その説明として以下のように述べている。

日本人はいつしか、宗教や信仰にかんする二者択一の態度すなわちキリスト教的思考を唯一の鏡にして、われわれ自身の内面をのぞきこむようになっていった。あれかこれかという主体的決断の視線を基準にして、あれもこれもという主体滅却の精神風景を眺める習性ができあがってしまったといってよいだろう。キリスト教徒でないにもかかわらず、キリスト教徒であるかのようなまなざしで自分自身を眺めてきたのである。こうして笑うに笑えない倒錯的な自己認識のパターンがいつしかできあがっていった。そしてくり返していえば、その倒錯の中身がキリスト教の一神教的反射鏡に映しだされた無神論的風景であった(山折 二〇〇七、六頁)。

ここで山折は、現代日本人の宗教に対する認識枠組は、今や「キリスト教的思考」に基づく「あれかこれか」を迫るものになってしまったが、もともと日本にあったのは「あれもこれもという主体滅却の精神風景」であるとする。そして、この両者は相容れないものであるため、結果として自らを無神論者であると自己認識するものが出てきていると評し、これを「倒錯」であるとするのである。

この山折の議論は、一方に外からもたらされた「キリスト教」や「一神教」を置き、他方に日本の「仏教」や「多神教」を置くという本質化された二項対立を前提とするものであり、その妥当性につ

いては既に批判が加えられている（例えば小原 二〇一〇、第四章）。しかしここでは、山折の議論に二項対立を前提とするような「日本宗教」論の典型——それは同時に外からもたらされた「宗教」論でもある——が見られることを確認した上で、もう一つの例として阿満利麿の議論を見ておきたい。

阿満利麿の議論

阿満利麿は一九九六年に『日本人はなぜ無宗教なのか』という書籍を著し、その後同著における議論は、日本の無宗教を説明する際に、しばしば参照されることになる。

同著で阿満は、日本人が「無宗教」であると自己認識する背景には「宗教」の認識をめぐる混乱があるとし、「だいたい日本人の多くはこれからのべるように、むしろ宗教心は豊かなのである」（阿満 一九九六、八頁）が、その「宗教心」を「宗教」として認識していないと論じる。

その説明のために阿満は「創唱宗教」と「自然宗教」という区分を提示し、前者を「特定の人物が特定の教義を唱えてそれを信じる人たちがいる宗教」であり、「教祖と教典、それに教団の三者によって成り立っている宗教といいかえてよい」とする。これに対して後者は「いつ、だれによって始められたかも分からない、自然発生的な宗教のことであり、「創唱宗教」のような教祖や教典、教団をもたない」としている（阿満 一九九六、一一頁）。他の宗教を分類するための諸類型と同様に、この区分も明快なように見えて曖昧な点を残しているが、[2]いずれにしても阿満はここで「自然宗教」をある意味「創唱宗教」の陰画として描きながら、これを「ご先祖を大切にする気持ちや村の鎮守にたいする敬虔な心」（阿満 一九九六、一五頁）と言い替える。そして、そのように見るならば多くの日本人は、

本人は自覚していないとしても「自然宗教」の信者であるとするのである。

その一方で、「宗教」が翻訳語として成立したことに触れ、この外からもたらされた「宗教」は「キリスト教や仏教をはじめとする制度宗教、私の分類でいえば、「創唱宗教」を意味して、「自然宗教」をふくむ言葉ではなかった」（阿満　一九九六、七五頁）とする。ここで阿満は「創唱宗教」と「自然宗教」を対置し、後者が日本人の宗教心をよく指し示しているのに対して、認識枠組としては前者が基準になっていると指摘し、そこから「「無宗教」とはいうが実際は「自然宗教」の優越、それが日本人の宗教心の内容」（阿満　一九九六、一三頁）であると論じるのである。

確かに阿満の議論には歴史的な変遷を捉えようとする視点があり、「自然宗教」が時代とともに変化することについても言及がある。この意味で、山折の議論と単純に同一視することはできないが、しかし同時に、外からもたらされた「宗教」とそこに回収され得ない「日本の宗教」という枠組については、両者に共有されているのを見て取ることができるだろう。

三　日本文化論と宗教

山折や阿満の議論に見られたのは、「日本の宗教」を考えようとするときに、外からもたらされた「宗教」においてはうまく論じることができないという問題意識であるが、そこから引き出される議論においてはしばしば「日本の宗教」というよりも「日本の宗教」に焦点が合わせられることになる。すなわち、西洋あるいはキリスト教出自の宗教には回収され得ない、日本固有の宗教があるとする議

論であるが、こうした議論はいわゆる日本文化論と親和性を持つ。

ここでいう日本文化論とは、総体としての日本文化の特徴を検討し、示そうとするところの一群の著述物であり、あるいは日本人論とも呼ばれる。これらについては、既に多くの研究があり、概して「普遍的な外国文明」対「特殊な日本文化」という構図が採用されていることが指摘されている。その主題として、言語や社会構造に加えて精神文化論も多く取り上げられており（吉野　一九九七）、その一環として「日本の宗教」が論じられることになる。これについて島薗進は、日本社会におけるナショナリズムの動向を反映する形で、特に一九七〇年代以降の日本文化論の中で「宗教」の占める位置が大きくなったと指摘している（島薗　二〇〇一）。

「意識商品」としての日本文化論

こうした日本文化論については、事実関係の誤認や誇張、あるいはその記述にあたって日本文化や日本人を本質的に措定することによって、その内部における多様性を捨象してしまう傾向があることなどに対して多くの批判がなされてきている。「日本の宗教」をいう議論についても、それがしばしば多様性や変化を捨象してしまっているとして批判されてきていることも付け加えておきたい。しかし、それらの批判によって日本文化論は衰退したわけではなく、依然として生産・消費され続けていることは明らかであろう。

例えば早川タダノリは「「日本」や「日本人」が、歴史的・文化的あるいは道徳的なすばらしい特性を持っていて、世界的に優れたものだと賞賛してみせる意識商品」を「日本スゴイ」と呼び（早川

二〇一七、二三六頁)、それらの印刷物からテレビ・ラジオ、また人材育成や各種講座における意識商品が、現代日本においては二〇〇〇年代に入ってから、とりわけ東日本大震災後に隆盛を極めていることを指摘している。

この「日本スゴイ」は日本文化論に連なるものとして考えることができるが、ここで早川が「意識商品」と述べていることはその消費の局面を考える際に示唆的である。すなわち日本文化論は、その主張の妥当性とは別に、日本文化について論じるものが商品になるという状況において流通し、消費されている面があるのである。これに関連する重要な論点として、日本文化論において論じられている「日本文化」を批判し、あるいは相対化するような議論についても、その「日本文化」という枠組を共有することによって、また別の種類の日本文化論として捉えられることがあることを指摘しておきたい。これは、著者の意図とはひとまず切り離されたところで、例えば「商品」としてパッケージ化される際に[3]、あるいは読み手による受容の際に生じうるのである。

日本文化論と文化ナショナリズム

日本文化論の読み手による受容について、吉野耕作の文化ナショナリズムという視点からの考察が参考になる(吉野 一九九七)。吉野は日本文化論を自民族独自論の一形態として捉えることで、国際的な比較検討へとつなげることを試みたが、その際に文化ナショナリズムという分析概念を設定した。

吉野は、国家の達成や市民権の確保をめざす政治的ナショナリズムとひとまず区別した上で、文化ナショナリズムを「ネーションの文化的アイデンティティが欠如していたり、不安定であったり、脅

威にさらされている時に、その創造、維持、強化を通してナショナルな共同体の再生をめざす活動」(吉野　一九九七、一一頁)と定義する。その上で、一九七〇年代、八〇年代の日本人論をめぐる文化ナショナリズムにおいては、日本という安定的なネーションの存在が基本的に前提されているため、新しくナショナル・アイデンティティを創出する「創造型」というよりも、そのナショナル・アイデンティティを再確認して強化しようとするところの「再構築型」として捉えることができるとする。

そして「再構築型」文化ナショナリズムの特徴として、「「我々」と「彼ら」のシンボリックな境界線を引く」境界主義的な手法(吉野　一九九七、六六頁)が強調されること、学者や研究者などの狭い意味での知識人に留まらず、広く教養層一般を担い手とすること、またその担い手、とりわけ企業人などの教養層が、発信された日本人論を消費すると同時に再生産するという仲介者の役割を果たしていることなどを挙げている。

さらに吉野は、この日本人論の消費と再生産の過程において、そこに関わる人々の意図とは切り離されたところで、結果として文化ナショナリズムが促進されることがあることを指摘する。例えば、異文化間コミュニケーションを促進したいという意図において日本人論を読む読者に、文化ナショナリズムを促進するという直接的な意図はないかもしれない。しかし「異文化間コミュニケーションの改善が、日本的特異性の強調によって試みられ、異文化間の類似・共通点への言及が無い状況でステレオタイプ化された文化的差異の言説が繰り返し強調されたとしたら、その意図せざる結果は皮肉にも文化ナショナリズムの促進であると言えよう」(吉野　一九九七、二五四頁)と論じる。ここで吉野は異文化間コミュニケーションについて述べているが、これを「日本の宗教」に置き換えて考えてみれば、

同様の結果が生じうるのではないだろうか。

送り手と受け手

既に見たように、山折や阿満には、外からもたらされた「宗教」と「日本の宗教」とを対置する議論が見られたが、これは結果として「彼ら」と「我々」の間にシンボリックな境界線を引くものとなっており、その意味において文化ナショナリズムを促進するように機能していることになる(この点は既に中村生雄によって指摘されている。中村 一九九八、参照)。しかし、山折と阿満には、執筆の意図において差異があることを指摘しておきたい。

前述のように阿満の『日本人はなぜ無宗教なのか』は、「創唱宗教」と「自然宗教」という枠組において日本における無宗教を説明しようとするものであったが、阿満自身の意図としては、決して「自然宗教」を即肯定していたわけではなかった。

阿満は二〇一七年に以下のように回顧している。

〔日本人の主体性の問題について思索する中で〕一九九六年に『日本人はなぜ無宗教なのか』(ちくま新書)を上梓した。執筆した当時は、「無宗教」という現象がどうして生じたのかについて、できるだけ客観的に叙述することを心がけて、「無宗教」の精神を積極的に批判することは控えた。そのためか、読者の多くは、「無宗教」であってもよいのだ、という反応を示し、私自身はいささかとまどってきた。というのも、私が期待していたのは、「無宗教」が生まれてくる歴史的・民

俗的背景を知ることによって、「無宗教」の限界を知り、「無宗教」を超える道を読者諸氏が見出してくださることであったからだ。（阿満　二〇一七、七—八頁）

ここで阿満は、自身の執筆の意図とその読まれ方にズレがあったと述べている。確かに阿満の著述にそのように解釈される面があったことも否めないが、(4)しかし前述したように、「創唱宗教」と「自然宗教」という枠組そのものに、文化ナショナリズムへと回収される契機が含まれていることになる。言い替えるならば、山折と阿満の議論は、その執筆の意図においては異なっているにもかかわらず、外からもたらされた翻訳概念としての「宗教」と本来の「日本の宗教」を対置するという基本的な枠組についていえば、これを共有しており、またそうであるが故に共に文化ナショナリズムを促進するように機能してきた面があるのである。

このように、発信者としての阿満の意図が、それとズレた形で受け取られていくという構図は、日本文化論とその批判において反復されてきたともいえる。例えば、普遍的価値を体現する理想の「宗教」を設定し、その展開が特殊日本的な価値によって阻害されたとする筋書きに基づき、その特殊日本的な価値、あるいは日本の精神的伝統について論じる試みがかつてなされた。あるいは阿満の本来の意図は、それを継承しようとするものであったと考えることもできるだろう。

それらの試みは、例えば「かくれた形」（武田清子）、あるいは「原型」「古層」「通奏低音」（丸山眞男）といった語を用いて行われ、特に丸山の「古層」論については多くの検討がなされてきている。しかし問題は、著者の問題意識や意図とはひとまず異なる次元で、そうした「かくれた形」や「古層」が

非歴史的・本質的なものとして捉えられ、それによってかえって「日本の精神的伝統」なるものが再創造、あるいは維持・強化されてきたという局面にあるのではないか。[5]

吉野耕作は、「ナショナリストなくしてナショナリズムは生じうる」として、「著者の「意図」とその著書の果たす「社会的作用」は分けて考えるべき」(吉野 一九九七、一三三―一三四頁)であると論じた。阿満の議論について、あるいは丸山の議論について、さらにはより広く、外からもたらされた「宗教」と「日本の宗教」という枠組を用いた議論についても、それらの初発の意図に目を向けるのと同時に、それが読まれ、消費されるという局面における「社会的作用」についても認識しておく必要があると考える。

四 おわりに

では「日本」の「宗教」を、どのように記述しうるのだろうか。はっきりとした正解がある種類の問いではないが、最後に論点を幾つか提示しておきたい。

末木文美士は二〇〇六年に『日本宗教史』を著したが、その冒頭で丸山の「古層」論に触れて、「古層」を歴史的に形成されたものと考えるべきであるとし、さらに「日本のアイデンティティとしての〈古層〉の「発見」自体がいわば新たな〈古層〉として伝統化される」(末木 二〇〇六、五頁)として、その再帰性について触れていた。本章で取り上げた「日本の宗教」をめぐる語りについても、再帰的に構成され続けていくものとして見ることができる。これについて、末木が試みたように、その歴史

性と再帰性を明示し続けていくことが一つの道筋としてあるだろう。

また、岩井洋は「日本の宗教」をめぐる語りが日本特殊論に向かう傾向を批判的に指摘した上で、例えば無宗教にもつながるような「宗教の拡散化現象」はグローバル化に伴う同時代的現象として検討することができるのではないかと述べた(岩井 二〇〇四)。岩井の議論は、宗教学において検討されてきた、認識枠組としての「宗教」と、そこに留まらない「宗教性」をめぐる考察を引き受けたものであり、それは「日本の宗教」を特殊的なものとして切り分けない形での「宗教」の読み替えの試みである。(6) 冒頭で取り上げた井上円了の引用に見られたように、日本に外から「宗教」がもたらされた時からその範疇の読み替えが試みられてきたが、本章の最初で指摘したように、religion 自体も近代において組み替えられてきたものであることにも同時に目が向けられなければならない。このように見るならば、外からもたらされた「宗教」と「日本の宗教」という対立枠組ではなく、religion と宗教とを共に動態において、すなわち共に近代において読み替えられてきているものとして捉えるという道筋もあると考える。

もちろん、日本における「宗教」について、その読み替えの過程に固有の歴史・社会的な文脈が影響を与えていることはいうまでもなく、個別の歴史的事象はそれぞれに取り上げ、検討されなくてはならない。むしろ本章で見てきたのは、それらの具体的な事例の検討もまた、著者の意図とは異なる次元で、「日本の宗教」という語りに回収されていく可能性があることを認識しておくべきではないか、ということであった。

さらに言葉を補うならば、これは「宗教」を再び普遍的なものとして鍛え直していくべきだとする

主張ではない。religionと宗教とは、共に近代において組み上げられてきた概念であり、制度でもある。そしてreligionの成立が近代の西洋を背景としている以上、その西洋中心主義や、コロニアルな状況への批判という意味を込めて「宗教」という語の限界を指摘することには意義と可能性がある。

しかし、そのような批判性をこめた「宗教」に対するまなざしが、西洋対東洋という枠組に引きつけられて、あるいは本章で見たような外からもたらされた「宗教」という語りに回収されて、「宗教」にゆがめられる以前の本来的な「日本の宗教」を措定することにつながってしまう局面があるならば、それもやはり文化ナショナリズムを促進していることになるのではないか。言い替えるならば、「宗教」概念の批判論においても初発の意図と結果としての機能との間にズレが生じうるのであり、そうであるならばその過程を対象化することは、「宗教」概念を批判する議論とは別の次元で行われるべきであろう。

「宗教」の限界はそれとして検討されるべきであると考えるが、本章は、外からもたらされたとはいえ一世紀半を経過して今なお語られ続けている「宗教」について、そこに意識的・無意識的に流れ込んでいる文化ナショナリズム的な側面を反省的に対象化することが必要ではないかという問題提起であり、それに向けたささやかな試みである。

注

（1）近代的religion概念に理念化されたプロテスタント・キリスト教の負荷がかかっていることは確かであるが、同時にその成立の背景として、ヨーロッパにおける「信仰実践の多数性の認識の増大と、キリス

ト教の脱自明化＝下位社会化」(深澤　二〇〇六、六頁)があったことも指摘されている。

(2)　例えば神道は、「自然宗教」を基盤とするが「人為が加わっている」ために「創唱宗教」と「自然宗教」の中間にある宗教とされている(阿満　一九九六、一九頁)。

なお、『日本人はなぜ無宗教なのか』の英訳において、創唱宗教は revealed religion、自然宗教は natural religion と訳されている(Ama 2005)。どちらの訳語も、その妥当性については議論のあるところかと思われるが、『宗教学辞典』の「創唱宗教」項にはそもそも西洋語の相当語が記されておらず、また宇野円空による「創唱的宗教」(『宗教学』一九三一年)が起源とされており、日本の宗教研究の文脈から出てきた語であることが示唆されていることを付記しておく。

(3)　例えばアメリカの文化人類学者であるアン・アリスンの二〇〇六年の著作である *Millennial Monsters: Japanese Toys and the Global Imagination* は、二〇一〇年に翻訳される際に『菊とポケモン――グローバル化する日本の文化力』という邦題を付けられた。これについてアリスンは邦訳に文章を寄せ、日本側からのその申し出にショックを受けたとし、自身は『菊と刀』の著者であるルース・ベネディクトのように日本文化に非歴史的な本質を想定していないと明確に述べている。ここに著者の意図と市場に向けたパッケージのズレを見て取ることができるだろう。

(4)　例えば中村生雄は『日本人はなぜ無宗教なのか』について、「おおかたの意表をついて、著者は日本人のそうした「無宗教」的な性格を積極的に評価する立場をとっている」と見ている(中村　一九九八、一頁)。

(5)　もちろんそれらの試みについては、日本社会の近代化を遂行していくために、その阻害要因を対象化し、これを克服しなくてはならないという、一九六〇年代から八〇年代半ばにかけての同時代的かつアクチュアルな問題意識がその背景にあったということと切り離して捉えられるべきではない。蛇足として述べておくと、それらの議論を発展的に読み解こうとするのであれば、その枠組ではなく、問題意識をこそ継承すべきであると考える。

（6）例えば、柳川啓一は一九七四年の講演の際に、近代において宗教が信仰と強く結びつけられてきたことを指摘した上で、「信仰のない宗教」という形態を考えることができるのではないかと示唆し（柳川 一九九一）、井上順孝は「自覚的信仰としての宗教」と「習俗としての宗教」という区分を提示している（井上 二〇〇二）。いずれも日本の宗教を考えるための視点として提示されたものだが、それが日本に限定されたものではないことが強調されている。

参考文献

阿満利麿 一九九六、『日本人はなぜ無宗教なのか』ちくま新書（Ama Toshimaro 2005 *Why Are the Japanese Non-Religious?* University Press of America）。
阿満利麿 二〇一七、『日本精神史――自然宗教の逆襲』筑摩書房。
磯前順一 二〇〇三、『近代日本の宗教言説とその系譜――宗教・国家・神道』岩波書店。
井上順孝 二〇〇二、『宗教社会学のすすめ』丸善ライブラリー。
岩井洋 二〇〇四、「日本宗教の理解に関する覚書」『関西国際大学研究紀要』五号。
小原克博 二〇一〇、『宗教のポリティクス――日本社会と一神教世界の邂逅』晃洋書房。
島薗進 二〇〇一、『ポストモダンの新宗教』東京堂出版。
末木文美士 二〇〇六、『日本宗教史』岩波新書。
中村生雄 一九九八、「文化ナショナリズムと「日本の宗教」」『文化と哲学』一五号。
早川タダノリ 二〇一七、「「日本スゴイ」という国民の物語」塚田穂高編著『徹底検証 日本の右傾化』筑摩書房。
深澤英隆 二〇〇六、『啓蒙と霊性――近代宗教言説の生成と変容』岩波書店。
星野靖二 二〇一二、『近代日本の宗教概念――宗教者の言葉と近代』有志舎。
増澤知子 二〇一五、秋山淑子・中村圭志訳『世界宗教の発明――ヨーロッパ普遍主義と多元主義の言説』

みすず書房(原著二〇〇五年)。
柳川啓一　一九九一、『現代日本人の宗教』法藏館。
山折哲雄　二〇〇七、『近代日本人の宗教意識』岩波現代文庫(一九九六年の文庫化)。
吉野耕作　一九九七、『文化ナショナリズムの社会学――現代日本のアイデンティティの行方』名古屋大学出版会。

第10章　宗教の社会活動と公共放送
――臨床宗教師のテレビ表出を中心に

榎本香織

一　はじめに

本章は、宗教とメディアにおける表象と本質の問題を考える一つの手がかりとして、東日本大震災以降に誕生した「臨床宗教師」の活動がＮＨＫのテレビ番組に取り上げられたことを素材に、公共放送上の宗教の社会活動について考察する。

臨床宗教師は、人生に困難な課題を持つ人たちに寄り添い、それを解きほぐす手伝いをする超宗派の宗教者である。その前身は東日本大震災で心のケアを継続的に行ってきた「心の相談室」であることが示すように、被災者支援が元々の活動領域であったが、現在では医療や福祉等、様々な社会状況で困難を抱える人への支援へと活動範囲が広がっている。

これまでの日本でのテレビと宗教との関係は、特にワイドショーやバラエティにおいて見られるような、奇妙な事件、あるいはオカルト的な興味としての消費形態に象徴される。これは最近の話では

なく、宗教ブームが始まったとされる一九七〇年代からのことである。近年になり「ぶっちゃけ寺」といった現役の僧侶を中心とした宗教者が出演するバラエティ番組が人気となり、宗教をより等身大で身近に感じさせることに大きく貢献したといえる。しかし一方で、このことは宗教が娯楽のカテゴリに組み込まれることで、ようやく人々の関心が宗教にも向けられることとなった、とも受け取れる。

臨床宗教師がＮＨＫの番組に取り上げられたことの意味を考えたとき、そのような娯楽といった緩衝剤を抜きにして、生と死、いのちの問題に正面から向きあうという宗教の本分が公共放送に顕れるということは、これまでの日本の宗教放送史上では「稀有」なできごとであった。同時にそれまではタブーに近い形で不可視の状態にあった宗教者の活動が、その本質面において正面から注目を受け、公共性の高いメディアに表出したともいえる。放送チャンネルが増えた現在では、ＢＳやＣＳ、ローカル放送、インターネットによる自主放送等を含めれば、宗教をメディア上で目にする機会は以前より格段に増えただろう。しかし本章ではそうした状況であるからこそ、あえて公共放送に焦点を当ててみたい。

しかし一方で、未だ隠れた側面も存在する。それは臨床宗教師と同様の活動をしている本来の「チャプレン」や「スピリチュアルケア師」といった存在である。特にスピリチュアルケア師は近年に日本に登場したが、臨床宗教師が宗教者を前提としているのに対し、必ずしも宗教者である必要はなく、明確な宗教色を携えることなく「スピリチュアリティ」をベースとしたケアを行う。「宗教」よりも「宗教性」に関心の高い日本では、明確な宗教を掲げないこうしたケアとは本来親和性が高いはずであるが、実際にテレビ上でその名前を聞くことはほぼない。つまり臨床宗教師を含めたスピリチュア

ルケアにおいて「宗教」と「スピリチュアル」ということばの頻度が、テレビ上で逆転現象を起こしているのである。

本章ではその理由についてもメディアと宗教文化の側面から考察してみたい。それらを垣間見ることで、メディアにおける宗教の表出の意味を、その多寡からは捉えきれない「深度」の観点から考える一助になると信じるからである。

以下に本章の構成について簡単に説明する。

二節では、現代の日本におけるメディア利用とその影響について、近年実施された調査データを簡単に整理し、多様化したメディア形態の中でテレビは今、どのような存在かを再確認する。日常の一部として当たり前のような存在ゆえに、そしてネットが主軸になりつつある社会であるからこそ、今一度ここでテレビについて振り返ってみたい。

三節では、臨床宗教師の取り組みが、NHKという公共放送で社会問題という枠組みで取り上げられた意味について、これまでのNHKを中心とした宗教放送史を元にして考察し、その現象がこれまでの日本の宗教関連番組とは異なる色彩を持つものであることを説明する。個人の活動としてこれまでも取り上げられることはあったが、より全体的な社会活動として取り上げられたことの意味を考えたい。

四節では、臨床宗教師がメディアで取り上げられる一方で、同様の活動をしながらも未だにメディアには映らない側面について考える。「スピリチュアル(ケア)」という言説の、メディア上における

消費形態を元に考察する。

二　メディア多様化社会におけるテレビ

二つの大規模調査から

ＮＨＫ放送文化研究所が五年おきに実施している「日本人とテレビ」調査[1]によると、最新回（二〇一五年）は前回（二〇一〇年）と比較していくつかの変化が見られる。

まずテレビ視聴の短時間化である。一日のテレビ視聴時間を短時間（三〇分〜二時間）、普通（三時間）、長時間（四時間以上）に分類したところ、全年齢層平均の長時間視聴は前回調査と比較して四〇→三七％と微減している。内訳としては一〇代が微増（二一→二四％）、二〇代（三一→二一％）、四〇代（三一→二二％）、五〇代（四一→三二％）と減少傾向が見られ、三〇代（二七→二六％）、六〇代（五一→四八％）はほぼ横這い、そして七〇代は微減（六三→六一％）である。サンプル数は年代の人口と比例するため、七〇代は長時間試聴の割合が高いうえに、その母数がサンプル全体の割合を上げているが（六〇代以上の割合は一九八五年で一八％→現在は四〇％）、その他の幅広い層による短時間化により全体的な時間減となっている。

また、リアルタイムでのテレビ視聴は「週一回」以上で全体の八九％と、対象メディアの中では最も多く、その中で「毎日」視聴する人が七九％である。特徴的なのは、二〇一〇年に比べて二〇代の「毎日」接触の割合が著しく低下し（七九→六四％）、また他の年齢層が前回より減少傾向にある中で、

七〇代のみが増加していることである（七五→七九％）。
こうしてテレビへの接触機会およびその影響力は、相対的には低下している。とはいえ、テレビそのものの持つ影響力については八九％が「ある」と回答しており、また「かかせないメディア」としても八メディア中一位（五〇％）である。ラジオやインターネット、新聞、雑誌と比較しての特性を見ても、「速報性」「わかりやすさ」「関心を広げる」という項目においては過半数以上がテレビを挙げ（それぞれ順に六五％、六八％、五〇％）、今回の調査で新たに追加された「伝達力」においても他のメディアを引き離している（七五％）。

同様の傾向は他の調査でも確認できる。橋元良明らと総務省による調査「平成二八年　情報通信メディアの利用時間と情報行動に関する調査報告書」(2)によると、テレビのリアルタイム試聴時間は一〇代と二〇代で減少傾向、三〇代から五〇代が日程による影響もあり定かでなく、六〇代は高い水準で、全体的には経年で減少傾向、全体としては一日平均一六八・〇分（平日。休日は二二五・一分）である。また情報源としての重要度は、インターネットの利用が着実に浸透している中でも一〇代から六〇代全ての年齢層において九〇％前後（全年代平均九〇・六％）と高割合を維持し、テレビが最も高い数値を示している。できるだけ早く、または信頼できる情報を得るためには、テレビがインターネットや新聞、ラジオよりも高い割合で利用されているのである（全年代平均で、「いち早く世の中のできごとや動きを知る」ためのテレビ利用は五四・一％、「世の中のできごとや動きについて信頼できる情報を得る」ためのテレビ利用は五七・二％）。インターネット利用は一〇代から三〇代を中心に全体的に増加傾向にあるものの、

例えば「ながら利用」といった他メディアとの並行的・相互循環的利用などにみられるように、一方のメディアが他方のメディア利用を必ずしも阻害しているわけではないことも示している。

この信頼性の高い二つの大規模調査が示しているのは、メディアが多様化する中でも日常の中に一定の存在感と価値を維持しているテレビの姿であろう。ネットやSNSでの情報収集や集めた情報による問題の検討のしやすさから、テレビへの信頼感の低下なども挙げられているが、それも他のメディアがその利点を説く際に比較対象とするのがテレビであるという意味において、相変わらず影響を与え続けていることの裏返しに他ならない。

日本における宗教とメディアの位置

九〇年代半ばに始まるケータイやインターネットの普及および情報消費形態の多様化は、日本のメディア史上類を見ない地殻変動を起こしている。それまでのテレビやラジオ、新聞を中心とした限定された情報形態がもたらしたのは、視聴者（大衆）の価値観をメディアが描く世界へと引き込み、地ならしをする、いわゆる「主観的現実の均質化」[3]であった。これに対し、個人単位での発信はそうした均質化された土壌の中から顔を出し、メディア空間における自己表現を可視化した。また、メディア形態の多様化は、特にそれまで文化の隅に押しやられていたものにその存在を表明する機会を提供しており、今でも「マス―個」といった対立構造で語られやすいのもそのためである。

しかしこれが、マスメディアの衰退自体を意味しないのは前述の通りである。テレビに取り上げられることが、今でも一定の価値を保証する側面も残っているし、そこには視聴者が大なり小なり権威

や特別意識を読み取る感覚はあるだろう。そしてこの現象を日本の宗教という領域で考えるとどうなるか。

ネットを中心として、新宗教やより小さな教団、または確固とした組織形態を持たないようなグループであっても表現手段を獲得し、自らの思想や存在自体を表明することが可能となった一方で、ごく一部の、仏教やキリスト教、イスラームといった世界宗教や神道などの一般的に知られた宗教でない限り、公共性の高いメディアで見かける機会は明らかに少ないのは相変わらずである。そしてそうした宗教でさえ恒常的に電波に乗るのは、例えば「宗教の時間」「こころの時代」といった宗教番組や、バラエティ番組の一部など、極めて限定的である。日本のテレビ番組における宗教の割合は極めて低いが、その背景は日本人の「宗教性には関心があるが宗教には関心が薄い」といった意識に加え、テレビというメディアの特性にもある。

三　宗教のテレビ表出――ＮＨＫを中心に

ＮＨＫ宗教放送の歴史(4)

日本国内のテレビ放送は、一九五〇(昭和二五)年に日本放送協会による実験放送を経て、一九五三年二月一日に正式に開始された。当初の受信契約数は八六六件と少なく、一般家庭への本格的な普及はテレビの量産体制が整い、キー局が増設された一九五五年頃といえる。五九年の皇太子成婚の中継をお茶の間で観ようとする人々による、五八年の受信契約数の激増や六〇年のＮＨＫと民放四社のカ

ラーテレビ放送開始といった発展を経て、NHKは一九六一年を二つの観点からテレビ史の「転機」と捉えた。一つはこうした「社会情勢の変化」、もう一つは「この情勢を総合的に判断するための教養の涵養の必要性」であったという。経済発展に伴って大きく変化する社会を、人々はどのように受け入れればよいのか。そのための知識や情操を養うことは視聴者からの要請でもあった。それまでラジオ中心であったメディアがテレビへと急転換することで、視覚化の難しい内容を、いかに高い質を保ったまま制作するかが課題となっていった。

そうした状況下、一九六一年にNHK初のテレビ宗教番組「心と人生」は開始された(5)。「心と人生」は「人生を語り、宗教を論ずるこの種の番組は、従来、テレビの教養番組には見られなかったものである」(日本放送協会編　一九六二、一八頁)と紹介され、番組の出演者には宗教者や宗教学者の他、歌人や医師、天文学者など他分野の専門家でありつつ宗教的実践を行っている人物が多い(榎本　二〇一五、四五—四七頁)。

NHKの宗教番組は一九二五年のラジオ番組「宗教講座」に始まっている。これは高名な宗教者による聖典解説や講話が中心で、寺社や教会へ赴くのが困難な人でもその場で説法を聴くことができる、まさに「お茶の間を大伽藍へ」という期待が込められたものであった。この形式は戦後、一九四六年に改題された「宗教の時間」へと継承されるが、戦後はそれに加え特定の宗教に留まらず、等身大の人物の生き方に焦点を当てた「光を掲げた人々」が一九四九年、「人生読本」が一九五三年に登場した。そしてこの系統は後の「こころの時代」「明日へのことば」へと続いている。NHKの宗教系番組は概して宗教を狭義・広義に捉えた二つの潮流が支えているといえる。

一方テレビでは、まずラジオの「人生読本」のテレビ版ともいえる「心と人生」が始まり、翌年に「宗教の時間」にとって代わる。狭義→広義の宗教(性)と展開していったラジオと比べ、広義→狭義へと逆転している点が特徴的である。そこにはラジオで「人生読本」が「宗教の時間」よりも人気を博していたことに加え、平易な語りで宗教への間口を広げる目的があったと考えられる。「宗教の時間」はその後現在に至るまでの長寿番組となっているが、その内容には時代と共に緩やかな変化が見て取れる。一九六四年には「伝統的な宗教を中心に、宗教思想、行事、音楽などをさまざまな形式で取り上げ、宗教的情操を養い、人生の究極的な意味を明らかにすることにつとめた」のが、次第に「現代のさまざまな苦しみを生き抜いて来た信仰者、宗教家を中心に、広く一般の人びとの宗教体験を紹介しながら、現代人の宗教的情操を養う一般向け番組」へと変化するようになる。そして七五年には「現代を生きる為の手がかりとなる事」とし、修養から宗教的知を通じた自己啓発へと明らかに特色が変化している。

　八一年に発表されたＮＨＫ放送世論調査所による『「現代日本人の宗教意識」調査』では、戦後日本人が道徳的規範や倫理を理解していながらも、日常生活に具体的実践が伴わない「人生の真空状態」にあるとし、よい生をいきる指針の必要性が主張された。六五％の人が「宗教は必要」と回答した理由として、「人間が生きていく上で必要な心の支えや慰めとなる」と答えた。こうした背景から「こころ」をキーワードとして、「宗教の時間」は八三年に「こころの時代～宗教・人生～」と改題された。サブタイトル「～宗教・人生～」は、宗教が前であることにも意味が込められている。宗教者・非宗教者問わず様々な人たちの人生や宗教観が紹介され、視聴者にはそこから自身に響くものを

受け止めてもらうというのがスタンスといえる。

臨床宗教師とテレビ――宗教と公共性

このように、宗教番組は教養番組として、長い歴史の中で個人の修養として扱われることがほとんどであった。宗教の社会活動を取り上げる番組が極端に少ないのは、あくまで個人の問題として扱われる傾向のある宗教と公共性の高いメディアとの相性や、一部のカルト系宗教の問題、過去においては璽光尊《じこうそん》事件(6)のように、メディアによって社会的混乱の象徴のように扱われたことなど負の側面も背景に挙げられよう。

しかし近年、特集番組などで社会問題に取り組む宗教が取り上げられるようになってきた。二〇〇四年八月七日のETV特集では「バチカンと現代社会」が放送され、二〇一三年一月六日の特集「日本人は何を考えてきたのか 昭和編・戦争の時代を生きる」では、「第九回 大本教 民衆は何を求めたのか~出口なお・王仁三郎~」と、大本の世直し運動とその大弾圧が取り上げられている。そしてETV特集で、同年五月一一日に「仏教に何ができるか~奈良・薬師寺 被災地を巡る僧侶たち~」として、宗教者がこれまで被災地で行ってきた支援活動が大きく取り上げられた。

その後の番組では、公共の場で活動する宗教者である「臨床宗教師」に焦点が当てられている。二〇一四年一一月二九日には「臨床宗教師~限られた命とともに~」と、現在進行形でいのちの問題に向き合う高橋悦堂氏の様子が取り上げられ、二〇一六年一月四日から四週にかけての「未来塾」では「聴くチカラ」として被災地で傾聴喫茶「カフェ・デ・モンク」を開いている金田《かねた》諦應《たいおう》氏の活動が、

そして同年八月の「クローズアップ現代＋」では「〝穏やかな死〟を迎えたい～医療と宗教　新たな試み～」として看取りの現場で働く臨床宗教師・野々目月泉氏の活動が放送された(7)。バチカンと大本の回はそれぞれ国際問題、戦後昭和の歴史の文脈で取り上げられたが、それ以降の回では、国内で現在進行形の宗教の社会活動が公共放送のテレビに取り上げられたということである。

「臨床宗教師」は東日本大震災を契機に二〇一二年に誕生した超宗派の宗教者であるが、社会に関わる形で宗教活動が公共のテレビに取り上げられるのは、これまでの公共のメディア史の流れからは稀有の部類に入る。

臨床宗教師という語は、チャプレンの訳語として当時の仙台「心の相談室」室長で医師である故・岡部健氏が創案したもので、「公共の場で宗教的ケアを行う宗教者」を指す。東日本大震災時、被災者の要望に応じるため、仙台仏教会は火葬時に読経ボランティアを、仙台キリスト教連合は「弔いプロジェクト」として心のケア活動を行っていた。しかし政教分離の立場より行政がこれに難色を示したことから活動を整備し、宮城県宗教法人連絡協議会の活動として「心の相談室」を仙台の公営葬儀場に設置、宗教・医療をまたぐ支援活動を開始した。程なくして宗教の中立性から拠点を東北大学に移すが、岡部氏がこれまでの自身の看取りの経験や被災者支援を通じて、公共空間で活動のできる宗教者＝臨床宗教師の必要性を唱え、そうした専門家を育成するため、寄付金を基に「東北大学実践宗教学寄附講座」を開設したのが始まりである。

もちろん、震災直後からしばらくのあいだ、民放含めて避難所となった寺院や被災地域で祈りを捧げる宗教者の姿がテレビに映ることもあった。新聞ではテレビよりさらに露出は多く、普段はほとん

ど取り上げられることのない新宗教の活動さえもが読売新聞や朝日新聞などにも掲載された。しかし、震災時の宗教者の支援活動をテレビで目にする頻度は、経年と共に減りつつある。震災後には「絆」という言葉が脚光を浴び、結婚情報サービスへの入会が増加した、神仏を信じる人が減少したといった話題も出たが、二〇一三年に実施されたＮＨＫ放送文化研究所「現代日本人の意識構造」調査では、震災前(二〇〇八年)に実施された調査と比較して大きな変化は見られなかったことから、震災の影響は限定的なものであったとしている(二三三―二三五頁)。

しかしながら、震災が宗教界にその根源的本質を問うこととなり、それに対する一つの応答として結実した臨床宗教師は、その活動の場として、被災地のみならず、日常の、特に福祉や医療の現場へと根を張り、存続している。二〇一四年以降の特集はまさにそうした現状を反映したものと捉えることができよう。その放送開始の早さ、歴史の長さが示すように、ＮＨＫにとって宗教もまた人々のこころを支えるものとして無視できない領域であり、ＮＨＫが臨床宗教師の活動を、単に社会・福祉問題に還元せず、宗教の側面から取り上げることができたのは、医療や福祉といった領域に入ることのできる公共性の高さと、特定の宗教・宗派に限定しない活動であるためといえる。

ただこれは、公共性の高くない(そう認識される)ものは逆にこれからも取り上げられにくいという側面を残している。二〇一三年の放送回では、薬師寺の僧侶たちを中心に描かれているが、実際に被災地では仏教のみならず、キリスト教や神道、真如苑や天理教等々、多くの団体が継続的な支援を行っている。臨床宗教師たちも、番組で中心に取り上げられるのは主に仏教の僧侶であるが、実際には仏教各宗派の他に立正佼成会、イスラーム、本門法華宗、孝道山本佛殿、日本基督教団、在日大韓基

督教会、救世軍、神社本庁、天理教、金光教、禊教《みそぎきょう》、パシフィック教など様々な宗教者がこれまでに研修を受けている。臨床宗教師の活動自体がまだ始まったばかりであり、放送にあたり公共性の高い、一般的に馴染みある領域として仏教者を取り上げるのは自然な選択であろう。よって今後どのように臨床現場における宗教がテレビで取り上げられるかは未知数であり、見守っていく必要がある。

四　いのちの現場と宗教――放送から見えていて見えないもの

「スピリチュアル」・ふたつの潮流

公共性の高い宗教者として臨床宗教師が震災の中から生まれ、その名がＮＨＫでも取り上げられたが、そうした活動をする宗教者は「臨床宗教師」だけではない。元々その語源でもあるチャプレンは、海外ほどの数ではないにせよ、臨床宗教師よりも長い歴史の中で日本の医療現場に携わっている。また、臨床宗教師とほぼ同時期に発足した、非宗教者による同様のケアをする専門家である「スピリチュアルケア師」の存在なども無視できない(8)。

特集番組内でもしばしば触れられていたが、対象者の全人的な痛みや苦痛は「スピリチュアルな痛み(身体的・精神的・社会的苦痛を包含した、より根源的で全人的な痛み)」と称されている。そして臨床宗教師、チャプレン、スピリチュアルケア師たちによるそうした痛みへの援助を「スピリチュアルケア」と称する。ここでの「スピリチュアル」は一九九九年にＷＨＯ総会で提案された、れっきとした医療関連用語である。しかしながら日本では、二〇〇五年に始まった「オーラの泉」に代表されるバ

ラエティ番組やそこから派生したスピリチュアルブームで、この用語が一種の神秘体験やオカルトの文脈で使用され、先行して浸透してしまっているという現状がある。テレビのオカルト番組との親和性は、一九七四年のオカルト番組の大流行から連綿と続くものであり(石井 二〇〇八、一九一―二五頁)、加えて璽光尊やオウム事件などの影響もあり、根は意外と深い。

宗教学的文脈において「スピリチュアル」ないし「スピリチュアリティ」は、これまでに「霊性」とも訳され、制度宗教に回収されきれない、あるいはそれらの中にも通底する超自然的・超越的で聖なるものを包括的に捉えた概念であるが、医療の文脈においては「スピリチュアリティ」は「ケア」と接続される。国内で医療現場にスピリチュアルケアの導入を提唱した一人で、長年自身もチャプレンを務めてきた窪寺俊之は、「スピリチュアル」を究明してきた宗教学や神学等の知見を学びつつ、死の危機に直面して苦悩する人に、スピリチュアルな面で可能な限りの高いＱＯＬを保障しようとするケアと説明している。そしてできるだけ人間学的立場と人間の心理学的事実に立つ立場をとり、宗教的立場を明確にはしないのがスピリチュアルケアの特徴とする(窪寺 二〇〇四、ⅱ頁)。宗教的な救済を求める人は物足りなさを感じるかもしれないが、しかし宗教へ抵抗感のある人や無関心な人にもそうしたケアが提供できることの重要性を説いた。

日本において「スピリチュアルケア」が浸透しづらいのは、「スピリチュアル」の定義が日本語で説明しづらいという問題に加え、用語自体が大衆文化の中でオカルト的・神秘主義的な側面を含む概念として既に普及・浸透していることにより、医療分野としての説明を困難にさせてしまっていることが大きな要因と考えられる。スピリチュアルケアは相手の世界観を尊重するのが原則である。臨床

宗教師は宗教者ではあるが布教はせず、宗教資源の利用はあくまで相手のニーズに応じて行うし、スピリチュアルケア師の担い手も、宗教者はもとより医療関係者や病気・事故で家族を失った遺族など幅広く、特定の宗教を持たない人も多い。臨床宗教師という萌芽は公共メディア上に顕れたが、その萌芽の仲間は未だに土中のままである。

二〇一六年一一月六日にBS1で放送されたドキュメンタリーWAVE「黄昏《たそがれ》のニューヨーク」の回で、海外でスピリチュアルケアに携わる臨床チャプレンとしての岡田圭氏が取り上げられた。「臨床宗教師」という枠を超え、いのちを巡る宗教的社会活動は今後、公共放送という場に居場所を得るだろうか。

注

(1) 全国一六歳以上の男女三六〇〇人を対象とした配布回収法による調査。
(2) 一三歳から六九歳までの男女一五〇〇人を対象として平成二四年より毎年実施。
(3) 橋元は、アメリカのメディア学者ジョージ・ガーブナーが提唱した、テレビが提供する情報世界によって視聴者の認識が同じ方向へと歪むとする理論(カルティベーション効果)を援用し、国民レベルで「主観的現実の均質化」が進み、「漠然とであれ、テレビ視聴の累積効果が我々の世界認識をゆがませる」とする(橋元 二〇一一、三五—三六頁)。
(4) 本節のNHKの宗教放送の歴史に関する記述は、主に榎本(二〇一五)による。詳細に関しては当該論文を参照されたい。
(5) 国内初のテレビ宗教番組は、一九六〇年開始の日本テレビと読売テレビによる「宗教の時間」である。これは社主で自らも熱心な浄土宗の信徒であった正力松太郎自らが主に仏教伝播を目的として企画した自

主制作番組である。神社仏閣や行事風景の紹介、宗教者の講話が主な内容であり、正力自らも番組に出演している。二〇〇一年に終了した。

(6) 石川県金沢市に本部を置く宗教団体「璽宇《じう》」のメンバーが教団本部にて警察と衝突した事件。「璽光尊」と呼ばれた代表の長岡良子が、食糧管理法違反の疑いで石川県警に出頭を求められたが、長岡はこれを拒否し逃亡を図ったことで一九四七年一月に県警が本部の「璽宇皇居」を急襲した。当時の人気力士・双葉山が所属し、激しい抵抗をして公務執行妨害で逮捕されたこともあり、この事件は大々的なニュースとなった。結局容疑は不起訴となったものの、璽宇はこの事件を境に衰退した。

(7) それまでにも「こころの時代」に出演した臨床宗教師やチャプレンはいるが、社会問題というよりは個人としての生き方に焦点が当てられたものであるため、内容上の線引きをしておきたい。

(8) その他の国内におけるスピリチュアルケア関連の資格等に関しては、藤山(二〇一二)を参照。

参考文献

石井研士 二〇〇八、『テレビと宗教　オウム以後を問い直す』中公新書ラクレ。

NHK放送文化研究所編 二〇一五、『現代日本人の意識構造[第八版]』NHK出版。

NHK放送世論調査所編 一九八四、『日本人の宗教意識』日本放送出版協会。

榎本香織 二〇一五、「第二章　NHK宗教番組の歴史」『電子メディアを巡る宗教的想像力とその実践――《聖性》の拡張による社会参画の観点から』(東京大学大学院学位申請論文)。

木村義子・関根智江・行木麻衣 二〇一五、「テレビ視聴とメディア利用の現在――「日本人とテレビ・二〇一五」調査から」『放送研究と調査』第六五巻第八号、NHK出版、一八―四七頁。

窪寺俊之 二〇〇四、『スピリチュアルケア学序説』三輪書店。

澤井治郎 二〇一四a、「「心の相談室」の設置」『Glocal Tenri』第八号、一〇頁。

澤井治郎 二〇一四b、「臨床宗教師」『Glocal Tenri』第一一号、一〇頁。

島薗進　二〇〇七、『スピリチュアリティの興隆――新霊性文化とその周辺』岩波書店。
高橋原　二〇一四、「「心の相談室」の活動と臨床宗教師構想」『宗教と現代がわかる本　二〇一四』平凡社、四四―四九頁。
日本放送協会編　一九六二、『ＮＨＫ年鑑一五　一九六二―二』ゆまに書房。
日本放送協会編　一九六四、『ＮＨＫ年鑑64』ラジオサービスセンター。
橋元良明　二〇一一、『メディアと日本人――変わりゆく日常』岩波新書。
橋元良明　二〇一七、「平成二八年情報通信メディアの利用時間と情報行動に関する調査　報告書」総務省情報通信政策研究所。
藤山みどり　二〇一二、「「臨床宗教師」資格制度の可能性を探る――「臨床宗教師」をめぐる考察　後編」宗教情報センター研究員レポート（URL: http://www.circam.jp/reports/02/detail/id=3193、二〇一八年九月一七日取得）

第11章　心理宗教テクニックと現代日本社会

小池　靖

一　グローバル時代の精神

心理療法的、自己啓発的、あるいはスピリチュアル的なテクニックが、現代のビジネスにおける文脈でますます使われているとの見方がある。たとえば、グーグル社は「サーチ・インサイド・ユアセルフ」というプログラムで、マインドフル瞑想などを職場に導入しているという（タン 二〇一六）。

そうだとすると、日本の職場においても、旧来の「しがらみ」が衰退しているいっぽうで、それを補うかのように、新たに心理療法的、スピリチュアル的テクニックが台頭している、と解釈する者もいるだろう。そうした動きは時に「職場スピリチュアリティ（Workplace Spirituality）」とも呼ばれることがある（堀江 二〇一七）。日本においては「スピリチュアリティ」という語彙自体は現実の職場ではさほど用いられてはいない。しかし就職活動における「自己分析」の浸透などは、自己啓発的なテクニックのメインストリーム（主流）化の代表的なものである（牧野 二〇一二）。

グローバリゼーションが席巻する二一世紀の先進諸国で、人々はどのような価値観によって生きて

いるのか。そうした時代にふさわしい「宗教」現象とは何なのか。島薗進は『精神世界のゆくえ』の中で「呪術＝宗教的大衆文化」という語を用いて、ポピュラー文化にまで浸透する大衆的な〈呪術＝宗教〉言説をとらえようとした（島薗 一九九六）。本章では、島薗の言う呪術＝宗教的大衆文化の現代的事例として「心理宗教テクニック」の台頭を取り上げ、それがどの程度グローバル時代の精神状況を示す現象なのかということを検証したい。

二 心理宗教テクニックとは

デンマーク人の研究者キーステン・マリ・ボビャーグによれば、ランドマーク・フォーラム社などによる自己啓発セミナー、ゲシュタルト・セラピーなどが、こんにちの労働者に対し人材開発として導入されてきており、それらは、私領域と公領域を調和させ、自己を高める「心理宗教テクニック（psycho-religious technique）」であるという（Bovbjerg 2011）。心理宗教テクニックという用語は、主に研究者による分析概念であり、当事者がそれを宗教であると意識しているかどうかは、とりあえず問わない概念である。

日本における精神世界（いわゆるスピリチュアル）には、大きく分けて占い的なものへの関心と、健康への関心があると言われるが、第三の関心として、ワークショップやセミナー、ボディワークなどを通した心理療法的な自己変容への関心もある。自己啓発セミナーなどの、正統の心理学の文脈を離れておこなわれている「大規模集団意識トレーニング」（Large Group Awareness Training）は、精神世界

の一部であると同時に、心理宗教テクニックの一九九〇年代ごろまでの典型像であったと言える。そして、ボビャーグがフィールド調査もした心理宗教テクニックの現代的な典型例が、神経言語プログラミング(Neuro-Linguistic Programming: NLP)であるという。

NLPは、良き生についての倫理と思考を伝えており〔中略〕〔NLPは〕神秘主義的宗教性のなかでも心理宗教的な典型像にあてはまっており、自己の終わりない変容を通して、自分というものを完成させることを目指している。(Bovbjerg 2010, p. 130)

ボビャーグは、NLPにおいて表現されているような新しい労働観を、禁欲的倫理に代わる「感受性倫理」と呼び、現代における仕事とスピリチュアリティとの関係について、次のように結論づけている。「仕事とは、プロテスタント時代のような、神の栄光のためにあるものではない。現代の仕事とは、自己の栄光のためのものなのだ」(Bovbjerg 2011, p. 202)。

仕事、ひいては人生というものを、いかに意味づけ、自分を納得させるか。そうしたメカニズムは、今も昔も存在していると思われる。そして、一部の論者は、そこに心理療法的な論理が深く関わってきていると見ている。

スティーヴン・コヴィーによる自己啓発書『7つの習慣』と、それに基づくセミナー(小池 二〇一四、コヴィー 一九九六)などもまた、見方によっては、心理宗教テクニック的な様相を呈しており、研究者からは「職場スピリチュアリティ」の典型であるともみなされてきた(Salamon 2001)。さらに言

えば、コーチングなども、主に個人のビジネスパーソンへの支援を目的とした、現代的なカウンセリング・テクニックの流派のひとつである。心理学的・心理療法的な実践や発想が現代社会に広がっている様子は「心理主義」とも「セラピー文化」とも呼ばれてきた(小池 二〇〇七)。「自己実現」などは、主流文化にまで浸透した心理主義的概念である。

以下、本章では、心理宗教テクニックであるとされるNLPについて、その内容と意義を、主に現代日本におけるその広がり方に即して探ってゆきたい。NLPのような心理宗教テクニックは、今後のグローバル化した世界においても、有効な世界観を提示しうるのだろうか。そこを問うてみたい。

三　事例としての神経言語プログラミング

NLPは、一九七〇年代のアメリカ西海岸で生まれた。それは、カリフォルニア大学サンタクルーズ校の言語学者だったジョン・グリンダーと、同校で心理学を学ぶ学生だったリチャード・バンドラーによって研究・考案された、心理療法的発想と技法の総体である。NLPは、第一義的には、フィリッツ・パールズ、ミルトン・エリクソン、バージニア・サティアといった、当時のカリスマ的セラピストたちのテクニック、所作を分析した上で、それを誰もが使えるように体系化したものだという。名前のとおり、NLPは、意図・記憶・知覚などをめぐる様々な身体的反応についてもやや独特の発想を持っており、「脳のユーザー・マニュアル」だとの宣伝文句もある。またNLPは、その起源において、催眠から多くの発想を受け継いでおり、自己暗示的なテクニックも数多く見受けられる。

「今日、NLPは、臨床のみならず、教育・ビジネスの領域でも幅広く活用されている」との見解もある(中村 二〇〇三、一一七頁)。また、二〇一七年現在、日本の都市の大書店に行けば、複数の「NLP本」を見つけることもできる。NLP本には、教育、心理、ビジネスといったジャンルのものがあるが、「どちらかといえばビジネス書として出版されたものの方が多く見受けられる」(佐野 二〇〇三、一二八頁)。NLP的なテクニックを使っている自己啓発作家・講師として最も有名なのはアメリカのアンソニー・ロビンズである(1)。他にも、NLPの技術を応用した恋愛テクニックを謳う書籍、ブログなどもある。

NLPは実のところ、多種の発想や技法を含んでおり、短く要約するのが容易ではない。NLPを支持している佐野真紀(社会福祉学)は、次のようにまとめている。「NLPは人間の主観的体験の構造――我々が見たり聞いたり感じたりしたことをいかに組織立て、知覚した外界をどのように整頓しふるいにかけるか――を扱うコミュニケーションの実践モデルである」(佐野 二〇〇三、一二七頁)。以下が、NLPの主な思想・前提である。

- 経験には構造がある。個人が自分の体験を把握するには一定のパターンがある。そのパターンが変化すれば、経験もまた変化する。
- 地図は領土ではない。個人の知覚とは、現実についての主観的な説明にすぎない。私たちは世界を主観的なフィルターを通して見ている。
- 心と体はひとつのシステムである。精神と身体との状態のあいだには、相互的な関係がある。

• 人々は、完璧な仕方で動いている。人間には特定の結果を得ることに対して能力があるのだと考えるほうが、欠陥があったり機能不全であると考えるよりも有益である。
• 人は、目標の達成のために必要なリソースを既に全て持っている。人々は、能力や才能の貯蔵庫であるのだが、通常はそれが充分には活かされていない。
• 失敗というものはなく、フィードバックがあるだけである。設定した目標を達成するのに「失敗」したとしても、それは、将来のこころみを助ける有益な情報だと受け取ったほうがよい。不可能だったり、能力がなかったりする証拠だと考えるよりも。
• もし今やっていることが上手く行かないのならば、別の方法を試すべきである。効果的であるには、人は柔軟かつ適応的でなければならない。（Grant 2001, p. 233 より一部意訳）

「私たちは世界を主観的なフィルターを通して見ている」という点については、同時代のアメリカの心理療法における発想との大きな共通性を見出すことができるだろう。人間性心理学からヒューマン・ポテンシャル・ムーブメントに至るまで、あなたがあなたの現実を創る、というのが一九七〇年代アメリカ心理療法の発想であるからだ。また目標に向けて手段を変えてでも挑戦し続ける人間観は、アメリカの実用的な精神を思い起こさせる。

カウンセラーの白井幸子も、ＮＬＰの内容は、アメリカの心理療法の別の一派「交流分析」との共通性もあるとして、次のように解釈している。ＮＬＰも交流分析も、そのねらいとは「不快で非生産的な人間関係から脱却し、他人との望ましいコミュニケーションを通して人生の目標を達成すること

である〔中略〕クライエント〔被援助者〕を『行き詰まり状態』から『望ましい状態』へ導く、という目標において一致している」（白井 二〇〇二、八七頁）。

ＮＬＰのセミナーの多くでは、まず、人間の知覚において主に視覚（Visual）、聴覚（Auditory）、身体感覚（Kinesthetic）の三つがあるということが語られ、人は多くの場合、その三つのうちのどれかが優位である、と説かれる。人の呼吸、眼球の動き、姿勢などはクライエントの無意識のあらわれでもあり、それらをよく観察することは「キャリブレーション」と呼ばれ、効果的なコミュニケーションにおいて必須のものであるとされている。

多くの大規模トレーニングと同様、ＮＬＰのセミナーでも、その思想に基づいて、講義、ロールプレイ、グループ・ワークなどを繰り返すことでプログラムは構成されている。日本では、一九八九年に最初のＮＬＰセミナーがおこなわれたという説があり(2)、二〇〇〇年代に複数の企業によるＮＬＰセミナーの開講が本格化している。

二〇一八年現在、日本だけでなく、世界の他の多くの地域でも、ＮＬＰは、以下に示すような三段階方式のセミナーとして開講されている。日本では、一九九〇年ごろまでにライフ・ダイナミックス系の三段階方式の自己啓発セミナー（入門、応用、勧誘というコースをたどる）が流行したが、ＮＬＰはそれとは異なる、より長期かつ高額な三段階のシステムを取っており、次のような構成である。

1　プラクティショナー・コース　一〇日間程度
2　マスタープラクティショナー・コース　一〇日間程度

3　トレーナー・コース　一五日間程度

これらのコースには、三名から多くて一〇〇名程度の受講者が参加する。世代的には、二〇代から四〇代の社会人がほとんどであり、男女比に大きな偏りはないことが多い。受講料は、あるスクールの価格では、①プラクティショナー・コース＝三五万円、②マスタープラクティショナー・コース＝三八万円、③トレーナー・コース＝六〇万円、となっている。(3) 長期間にわたり受講していると、受講者同士のラポール（親密さ）も形成され、受講者はNLPのジャーゴン（用語）で語るようになってゆく。

NLPのこうしたコースを、自分探しや、コミュニケーション能力向上という目的で受講することももちろん可能であるが、これらのコースは名前のとおり、NLPの実践者（プラクティショナーやトレーナー）になるためのコースとして構成されており、各コースを修了すると、各団体の名前によって資格認定証が発行されるという仕組みである。したがって、NLPセミナーは資格取得のための講座というトーンが強い。原則として、三段階を終え、「NLPトレーナー」になると、自分でNLPセミナーを開講することができる。(4) 二〇一七年現在、日本でも十数社がNLP関連のセミナーを開講しており、心理系の民間資格として、ある程度の人気はあるものと予測される。(5)

熱心な受講者は、NLP資格取得後、NLPカウンセラーとしてデビューし、ソーシャル・ネットワーキング・サービス（SNS）やブログなどを通じて宣伝することもある。そうした人たちはしばしば「NLPカタリスト」「一瞬で距離感ゼロのNLPトレーナー」「NLP聞き方の達人」(6) など、独自の呼称を考案し、セルフ・ブランディングしている（自分という存在をひとつのブランドとしてマーケティ

ングする)。それも近年の流行のようだ。

ライフ・ダイナミックス系の自己啓発セミナーでは、そのメソッドに惚れ込んだ受講者が、言わば勝手に自分で会社を興してセミナーを開き、そのことによって一時期、日本社会に自己啓発セミナー業が広がったが、NLPでは、資格認定と起業の部分まである程度システム化しているところに特徴がある。

旧来の自己啓発セミナーに代わり、NLPが二〇一〇年代に一定程度の人気を博しているのも、日本社会の変動と関わっていると考えられる。終身雇用制や年功序列型賃金体系が少しずつ崩れ、キャリアの不安定性が高まる時代には、起業熱は必然的に高まるだろう。ボビャーグの紹介しているデンマークの事例(労働者が研修としてNLPを受講している)とは違い、現代日本におけるNLP受講の多くは、個人による参加である。

しかし、現実のもうひとつの側面は、NLPのような民間資格を取得したとしても、誰もがカウンセラーとして持続的に生計が立てられるわけではないということだ。

NLP界の有名人の多くはむしろNLPのスクールを運営しており、かつて受講者だった個人のほうが、SNSなどで自身をカウンセラーとして宣伝している。しかし、そうした個人カウンセラーの実際の収益などについては明らかになっていない。高額のNLPコースを修了したとしても、もし個々のクライエントへのカウンセリングは実際にはほとんどおこなわれず、かつNLPによってマネタイズする(利潤を上げる)最良の方法が「他の人にNLPを教えること」であるとするなら、それは資格ビジネス的な様相を呈する可能性もある。デール・カーネギーからアンソニー・ロビンズに至る

まで、自己啓発テクニックで利益を得る最大の方法は、個人でそのテクニックを人生に役立てるということよりもむしろ「そのテクニックを他の人に教えること」なのかもしれない。

また、NLPに対しては古くから批判も存在していた。NLPには理論的根拠が乏しい、各技法にも科学的な検証がなされていないといった指摘は、NLPの一部の当事者たちのあいだからもなされている(Grimley 2016)。[7]そもそもNLPは実用的な志向が強いので、その効果についてアカデミックな検証をわざわざ求める動機が少ない、との指摘もある(Tosey and Mathison 2009)。

筆者がインタビューしたある実践者(教員)は、教育現場でNLPのロールプレイを活用しているものの、NLPにスーパービジョン(指導者による援助者のための定期的な研鑽)の機会がないということに疑問を持っているとも語った。自己暗示の技術としても洗練されてきたNLPであるが、創始者バンドラーの近年の著作にも、大人のためのおまじないといった内容の技法が多く紹介されている(バンドラー 二〇一二)。

以上、NLPは、アメリカの心理療法の理想と連続性を持ちつつも、インターネット時代の現代日本において、効果的なコミュニケーションのための独特のテクニックとして、またひとつの起業スキームとしてもマーケティングされていることが明らかになった。

四　スピリチュアリティと時代背景

英語版ウィキペディアのNLPのページには「疑似宗教としてのNLP」という節すらあるが、[8] N

LP、そして心理宗教テクニック一般は、現代の宗教現象とみなせるのだろうか。また、どの程度スピリチュアルな側面があるのか。

筆者が対話した日本人のNLP実践者の多くは、自身の実践について語る時に、スピリチュアリティという語彙を常に必要としていたわけではなかった。スピリチュアリティについての意識をさらに問うと、最大公約数的には、スピリチュアリティとは非常に個人的な次元のものであり、何かがスピリチュアルかそうでないかということは、究極にはあまり問題としていないようにも思われた。中には、一番広くとらえればスピリチュアリティとは「自分の生き方そのもの」だという意見もあった。

そうしたところから考えると、NLPという実践については、神や霊といった意味での宗教性・超自然性に関わる側面はほぼないが、「自己の無意識」や「他者とのつながり」を扱うという点で「目に見えないものへの志向」としての、広義のスピリチュアリティはあると言える。

NLPは、自己啓発、ポップ心理学、スピリチュアリティの境界線上に位置する、独特の現象である。ポップ心理学とは、大学などの文脈で研究されているアカデミック心理学と対比させて用いられる言葉であり、広く大衆文化に広がる心理学系の言説を指している。呪術＝宗教的大衆文化とポップ心理学は、非常に近接し、重なった領域を形成している。

ポップ心理学は、非正統的な心理学ゆえに、それがおこなう主張も大胆であり、アカデミック心理学が正面きっては扱えない、人生観の領域にも踏み込んでゆく(小池　二〇〇二)。それゆえポップ心理学は特定のオーディエンスには非常に受容される要素を持っている(Devilly 2005)。実際、日本のNLP講師で心理学の学位を持っている人は少ない。大学で心理学を学ぶことができなかった社会人も、

受講料を払えば、NLPという民間心理資格を取ることはできる。

心理宗教テクニックが台頭しているように見える時代背景とは何だろうか。一九七〇年代以降、日本でも産業社会から消費社会への移行が起こったと言われて久しい。消費社会では、個人の真正さが称揚され、人々のあいだではますます自己表現的な行動が増えてゆく(Gauthier, Martikainen, and Woodhead 2013)。さらに言えば、二一世紀にかけて、国家の相対的地位が低下し、マーケットがより台頭する新自由主義の時代を本格的に迎えている。日本では、非正規雇用の増加が、様々な社会不安を引き起こしている。社会はますます効率重視になり、人間同士の結びつきはますます契約的なものになってゆく。

しかし人間にとって、親密さへの欲求と社会的参画への欲求は消えることがない。そしてさらに、前節で見たように、インターネットの登場によって、ほぼ無料に近いコストで、世界に自分をアピールし、それによって各自が自己実現できるかのように思える素地は広がった。

心理宗教テクニックにも特徴的な、内的自己を称揚する倫理は、自己責任のもとで繁栄したいとする新自由主義のイデオロギーと親和性が高いとの説がある(Hornborg 2013)。心理宗教テクニックは、消費社会における自己実現の理想を保ちつつ、先行き不透明な新自由主義の時代における、新たな態度への可能性をも示している。つまりNLPのような心理宗教テクニックは、日本においても、結果として消費社会から新自由主義的社会への橋渡しをしようとしている存在なのである。自己啓発の論理は、昔から起業家精神と親和性が高いが、心理宗教テクニックは、その「テクニックの伝授」で起業することを、ひとつの理想のゴールとしている傾向がある。

もちろんそうした時代背景は、心理宗教テクニックが、今後も右肩上がりで成長してゆくことを必ずしも保証しているものではない。

ＮＬＰと並べて話題に上がることも多いコーチングについて、イギリスでは、民間のコーチング資格が増殖しすぎているという指摘もある。また、コーチングは効果がなくても、クライエント自身の責任だとされてしまうということ、そして、クライエントの問題が解決しないことは、むしろさらに新たな売り込みにつながるのだという解釈すらある（Hornborg 2013）。こうした点も、新自由主義下の心理宗教テクニックの一側面をあらわしている。

自己啓発的な論理はまた、倫理的判断において自己の感情を参照すること（自己再帰性）がますます増えてくる後期モダニティの特徴であるとする社会学者の解釈すらある（ギデンズ　一九九五）。だが、効果があいまいであること、世俗的な心理療法とスピリチュアリティの境界線上にあること、そしてそのテクニックを自分の生きがいにする参加者もいれば、失望した参加者もいること――これらすべてが、まさに現代の心理宗教テクニックの特徴でもある。

個々の心理宗教テクニックは、日本の主流社会で普遍的な人気があるというほどではない。ＮＬＰの受容にも一定の時代的な親和性はあるものの、むしろ特定のニッチな顧客に人気がある。[9] この点で、二節で引用したボビャーグは、心理宗教テクニックを過大評価している。ある実用的な心理テクニックが真にメインストリーム化するには、スピリチュアリティについては抑制し、誰でも簡易かつ安価に用いることができるレベルにまで落とし込む必要があるのだ。[10]

ＮＬＰも、本国のアメリカでは、一九七〇年代、八〇年代ほどの勢いは衰えたとする見方があり

（Biswal and Prusty 2011）、むしろ二〇一〇年代以降は、アメリカ以外の国での実践や論評のほうが盛んである。現代日本のＮＬＰも、その広がりはおそらく限定的なものにとどまるだろう。

心理療法的技法に社会の中で一定の関心が存在し続けていることは事実だが、旧来の自己啓発セミナーが現在はほぼ衰退したように、ＮＬＰについても、長い目で見れば、おそらく他の心理療法的技法に取って代わられる可能性が高いと考えられる。ただしそれは、その技法の持つ歴史的意義を必ずしも否定するものではない。

五　心理宗教テクニックの未来

消費社会における心理療法的実践・発想は、自己実現の論理と、公的な人間関係におけるコミュニケーションの論理の台頭を促した（Illouz 2007）。心理宗教テクニックの多くは、非正統の心理学という立場に立っており、また無意識などの目に見えない領域を扱うという意味で相対的にスピリチュアルであり、呪術＝宗教的大衆文化の現代的なかたちである。

心理宗教テクニックは、現代の主流社会で普遍的に有効な世界観を提供しているとまでは言えないだろう。確かに現代の仕事はもはや神の栄光のためではなく自己の栄光のためのものかもしれないが、そこに心理宗教テクニックが大きく関わっている様子は見出せない。ＮＬＰの受容は、特定の関心を持った層にある程度限られており、主流社会から相対的に距離があることこそが、ＮＬＰの心理宗教テクニックとしての特徴でもあるのだ。主流社会からの距離感は、ＮＬＰにおけるジャーゴンの存在、

料金体系、受講者たちの共同体意識にも間接的に影響を与えている。

ＮＬＰは、その世界観においては、一九七〇年代アメリカの白人層が主に持っていた意識の刻印があり、過渡的な思想だとも捉えられる。現代日本におけるＮＬＰは、心理療法的な自己実現という過去の理念を保持しつつ、グローバル化する社会を生き延びようともするものだ。ＮＬＰもまた、変動期におけるやや特殊な実践であることが明らかになった。

現在ＳＮＳは、様々な発想の「布教」の場にもなっているが、インターネットはまた「発言小町」や「Ｙａｈｏｏ！知恵袋」などに見られるように、こころの悩みの発露の場として、カウンセリング的機能の一部すら代替するようになってきている(小池 二〇一二)。東日本大震災の被災地でカウンセラーが必ずしも歓迎されなかったように、時代は、心理宗教テクニックの次に来る何か――おそらくより世俗的かつ簡易で、オンラインでもやりとり可能なもの――を待望しているようにも思われる。ただし、もうしばらくは心理宗教テクニックを通して、現代人の意識の一端を探ることは有益であろう。

注

(1) ロビンズ(二〇〇六)などを参照。ただし彼は、自分のテクニックのことをＮＬＰではなく神経連想コンディショニング(Neuro Associative Conditioning: NAC)と呼んでいる。また、二〇一四年には、ロビンズによる初来日セミナーも開かれた。三日間で、受講料は九万八〇〇〇円から九八万円であった。

(2) http://nlpvoice.com/(二〇一八年八月二日アクセス)

(3) スクールＮ社の過去のデータによる。http://www.nlpbeginrs.com/comparison/ranking.html(二〇一七

年一一月一日アクセス）なお、同社が二〇一七年現在開講しているものとは異なる。また、プラクティショナー・コースの最初の二日間だけを入門編として受講可能にしているスクールもある。③のトレーナー・コースについては、アメリカでの受講になるスクールも多い。

（4）第一段階を終了しただけの受講者であっても「NLPプラクティショナー」といった資格をプロフィールに掲げてカウンセリング関連業をスタートさせることはありうる。

（5）これまでの全NLPセミナーの日本における正確なのべ受講者数は明らかになっていないが、数千名の過去受講者数を主張しているスクールも存在するため、第一段階を修了した者をカウントすれば、少なめに見積もっても、全体で一万人—数万人単位の参加経験者に上ると推測できる。

（6）https://twitter.com/yokosunonair　https://ameblo.jp/de-sign-hypno　https://ameblo.jp/onenesskyoukai/（いずれも二〇一八年八月二日アクセス）

（7）ただしこれは程度問題であって、精神分析などもその科学的根拠の脆弱さが強く批判されてきた（Sharpley 1987）。多くの一般のカウンセリング理論にも、充分な科学的根拠が必ずしもあるわけではない。

（8）https://en.wikipedia.org/wiki/Neuro-linguistic_programming（二〇一七年一一月二日アクセス）

（9）リクルート社の二〇一三年の調査によれば、日本の管理職で、自費でコーチングを受けたことがある人は、六・二％だという。また、厚生労働省による二〇〇五年の資料では、日本の労働者の中で、自己啓発的学習を「民間教育訓練機関」でおこなった経験がある人は、全体の一割程度であるという。民間教育訓練機関の全てが心理宗教テクニックに関するものではないため、NLPなどの潜在的顧客も、さほど多くはないことが窺える。https://www.recruit-ms.co.jp/research/journal/pdf/j201305/m31_research.pdf http://www.mhlw.go.jp/shingi/2005/01/dl/s0119-8c16.pdf（いずれも二〇一七年一一月一日アクセス）

（10）自己分析などは、それをかなりの程度達成しているように思われる。

参考文献

ギデンズ、アンソニー　一九九五、松尾精文・松川昭子訳『親密性の変容』而立書房。
小池靖　二〇〇二、「文化としてのアダルトチルドレン・アディクション・共依存」田邉信太郎・島薗進編『つながりの中の癒し――セラピー文化の展開』専修大学出版局。
小池靖　二〇〇七、『セラピー文化の社会学』勁草書房。
小池靖　二〇一二、「スピリチュアリティとセラピー文化」樫尾直樹編『文化と霊性』慶應義塾大学出版会。
小池靖　二〇一四、「スピリチュアリティの倫理とグローバル資本主義の精神？――アメリカ由来の自己啓発言説に注目して」『宗教研究』三八〇号、八八巻(二)。
コヴィー、スティーブン・R　一九九六、ジェームス・スキナー、川西茂訳『7つの習慣――成功には原則があった！』キングベアー出版。
佐野真紀　二〇〇三、「ソーシャルワークの関わり技法にNLP(神経言語プログラミング)がもたらすもの――ラポールの理解と習得を中心に」山崎美貴子・遠藤興一・北川清一編『社会福祉援助活動のパラダイム――転換期の実践理論』相川書房。
島薗進　一九九六、『精神世界のゆくえ』東京堂出版。
白井幸子　二〇〇二、「交流分析とNLP(神経言語・プログラミング)――両者の理論的特徴と臨床への応用」『テオロギア・ディアコニア』三五号。
タン、チャディー・メン　二〇一六、マインドフルリーダーシップインスティテュート監訳・柴田裕之訳『サーチ・インサイド・ユアセルフ』英治出版。
中村芙美子　二〇〇三、「交流分析とNLP(神経言語プログラミング)――両者の理論的特徴とその活用(第一報)」『プール学院大学研究紀要』四三号。
バンドラー、リチャード　二〇一一、白石由利奈監訳・角野美紀訳『望む人生を手に入れよう』エル書房。
堀江宗正　二〇一七、「職場スピリチュアリティとは何か――その理論的展開と歴史的意義」『宗教研究』三

八九号、九一巻(二)。
牧野智和 二〇一二、『自己啓発の時代——「自己」の文化社会学的探求』勁草書房。
ロビンズ、アンソニー 二〇〇六、本田健訳『一瞬で自分を変える法——世界Ｎｏ．１カリスマコーチが教える』三笠書房。
Biswal, R, and Prusty, B. 2011, "Trends in Neuro-Linguistic Programming(NLP): A Critical Review", *Social Science International*, Vol. 27, No. 1.
Bovbjerg, K, M. 2010, "Ethics of Sensitivity: Towards a New Work Ethic", in *Religions of Modernity: Relocating the Sacred to the Self and the Digital*, edited by Aupers, S, and Houtman, D, Brill.
Bovbjerg, K, M. 2011, "Personal Development under Market Conditions: NLP and the Emergence of an Ethics of Sensitivity Based on the Idea of the Hidden Potential of the Individual", *Journal of Contemporary Religion*, Vol. 26, No. 2.
Devilly, G, J. 2005, "Power Therapies and Possible Threats to the Science of Psychology and Psychiatry", *Australian and New Zealand Journal of Psychiatry*, Vol. 39.
Gauthier, F, Martikainen, T, and Woodhead, L. 2013, "Introduction: Religion in Market Society", in *Religion in the Neoliberal Age: Political Economy and Modes of Governance*, edited by Martikainen, T, and Gauthier, F, Ashgate. ＊キンドル版を参照した。
Grant, A, M. 2001, "Grounded in Science Or Based on Hype? An Analysis of Neuro-Associative Conditioning™", *Australian Psychologist*, Vol. 36, No. 3.
Grimley, B, N. 2016, "What is NLP? The Development of a Grounded Theory of Neuro-Linguistic Programming(NLP), within an Action Research Journey. Implication for the Use of NLP in Coaching Psychology", *International Coaching Psychology Review*, Vol. 11, No. 2.
Hornborg, A. 2013, "Healing or Dealing? Neospiritual Therapies and Coaching as Individual Meaning and

Social Discipline in Late Modern Swedish Society", in *Religion in Consumer Society: Brands, Consumers and Markets*, edited by Gauthier, F, and Martikainen, T, Ashgate.

Illouz, E. 2007, *Cold Intimacies: The Making of Emotional Capitalism*, Polity.

Salamon, K, L, G. 2001, "'Going Global from the Inside Out': Spiritual Globalism in the Workplace", in *New Age Religion and Globalization*, edited by Rothstein, M, Aarhus University Press.

Sharpley, C, F. 1987, "Research Findings on Neurolinguistic Programming: Nonsupportive Data or an Untestable Theory?", *Journal of Counseling Psychology*, Vol. 34, No. 1.

Tosey, P, and Mathison, J. 2009, *Neuro-Linguistic Programming: A Critical Appreciation for Managers and Developers*, Palgrave Macmillan. *キンドル版を参照した。

第12章　ケア・宗教・世俗化における言説とその語り方をめぐって
――何が顕れ、何が隠されるのか

古澤有峰

「医療化」とは、いままで医療やケアに関する問題領域ではないとされてきたものが、社会生活の中で次第にその対象とみなされるようになることを指しており、近代における「宗教と世俗化」と関係が深い概念でもある。同様の構図は、後述するように「ポスト近代における医療化」と「ポスト世俗化」の関係性の中にも見られる。こうした研究動向を踏まえつつ、本章において筆者はケア・宗教・世俗化をめぐる言説が錯綜するアリーナとして「スピリチュアルケア」を措定し、そこに展開される言説と語り方において、何が顕れ、何が隠されるのかを明らかにしたい。

一　問題の所在

「いま宗教に向きあう」ということ

医療やケアなどの臨床の現場で、また政治や法学、国際関係などの研究や現場において、宗教的・スピリチュアルな言説とされるものに遭遇した時に、信仰の有無にかかわらず、それをどう捉えるべ

きか戸惑う人は多い。その際、ケアの専門家や公衆衛生の研究者、社会学の研究者や学生たちなどから多くなされる質問は、宗教研究および専門家としての宗教研究者の中立性と自律性の問題に関してである。研究の中立性や自律性ということであれば、それは宗教研究に限らない重要なテーマだが、スピリチュアルケアや宗教の社会貢献についての論考を読んでも納得できないのは、こうした研究者の立ち位置や研究の背景が行間から読み取れないからだという。

宗教と公共空間に関する研究では、特に東日本の大震災以降、資本主義がもたらす地域格差や、近しい人々や故郷を喪失した人たちの悲しみなどを中心とした、「苦の現場」(北村 二〇一三)こそが、学者や宗教者に新しい可能性を開くものであるとする論調がある。しかし、その「苦(pain)」とは、誰がどのような立場から承認したものなのか。公共領域に存在する宗教は、そもそも憲法で確定された一つの基準が無い以上(藤本 二〇一七、九四頁)、そこから生まれる言説は、宗教研究者側のポジショントークによるものではないかなどの声も聞かれる。宗教研究者は、このような疑問の声に真摯に向き合うことが求められている。

何が顕れ、何が隠れるのか

このように、様々な関連分野の用語がなぜこの文脈だけで用いられているのだろうかという疑念が生じるようなものが、宗教の社会貢献やスピリチュアルケア関連の研究には多く見られる。例えば、地域社会を活性化し新たな繋がりを生み出すものとして、地方の宗教施設をソーシャル・キャピタル(社会関係資本)の元となるものとして捉える言説について考えてみる。この場合、多くはパットナム

(二〇〇一)による定義が用いられているが、パットナムの概念が世界的に認知されるようになった背景には、世界銀行が開発論において強く推し進めたという事情が大きい(北井 二〇一七)。日本の政策推進においても、例えば地域のつながりの再構築を促し、社会の効率性を高めるというふうに肯定的な文脈で説明されることが多いが(内閣府国民生活局編 二〇〇三、など)、その一方で非常に保守的で、不平等な権力関係を無視した共同体の美化であるという批判(Levi 1996)などについては、宗教研究内においては十分に取り上げられていない。

日本でのソーシャル・キャピタル概念がパットナムの概念にのみ依拠した、一面的で楽観的な側面を持つという批判(渡部 二〇一二)もあり、これは日本の宗教と社会貢献研究にも該当するものとなっているといえよう。共同体の美化が国家に利用されうるリスクや、共同体内の密なネットワークが不信の源泉ともなりうるという側面が、特に阪神・淡路大震災や東日本大震災以降の研究では、宗教の社会貢献的側面をアピールしようとするあまり過小評価されているように見える。こうした隣接分野からの根本的な問いかけや批判に対して、宗教学、また死生学という分野に携わる研究者たちには回答していく義務があるだろう。

超越的戦略とその限界

日本のスピリチュアリティ研究、また宗教と社会貢献に関する今までの研究の特徴の一つは、こうした局面で説かれるのが、宗教やスピリチュアリティの有用性や超越性を中心に据えたロジックだということである。仁平典宏は、『死生学研究 二〇〇五年秋号』に寄稿した論文の中で、福祉国家再

編という文脈におけるホームレスの死生をめぐる状況を分析しているが（仁平 二〇〇五、一一一―一四一頁）、その際に現在の死生学が検討すべき一つの課題に注目している。仁平は、死生学の問題設定の多くは、基本的には近代的な生―権力の侵攻に抗して、それとは異なる死生の領域を開示していけるかどうかが潜在的なテーマであり、そこで用いられる基本的な戦略としてあげられるのが、超越的戦略であるとしている。

ここで議論される超越的戦略とは、そのまま宗教的なもの、スピリチュアルなものの射程をどのように捉えるのかという議論につながっている。基本的には、近代医療や生―権力に捉えられない死生の自然な関係性を救い出すことであると考えられており、仁平はそうした議論の例として、島薗進による（近代医療的生の外部にあり、宗教的なもの・スピリチュアルなものに関わりが深いものとしての）「いのち」という呼称の使用（島薗 二〇〇三）、また広井良典によるターミナルケアを（唯物論的にではなく）「たましいの帰っていく場所」として構想することの必要性の主張（広井 二〇〇五）などを取り上げており、こうした方向性は、近代科学の外部を捉えようとする試みとして認識されている。

仁平がここで述べている死生学は、社会学という学問システムから観察されうる限りの、限定された「死生学」として捉えられており、社会学と共通の視座と問題設定を備えていると仮定された上で論じられているのであるが、仁平のこうした議論の設定は、社会について参照するタイプの「死生学」に対する社会学の側からの問題提起であり、これはそのまま「宗教学」についての論考にも有用である。臨床や実践におけるニーズによる後押しを受けて誕生したとされるタイプの、特に日本における死生学は、七〇年代以降の歴史的動向に沿って生まれてきたとされており（島薗 二〇〇三）、ここ

では死生学を、宗教学のポスト近代的潮流の一展開として考えることも可能であろう。これは、それまでの宗教学およびそれを支えていた時代背景からは見えていたものが、社会そのものの変容とも相まって、死生学を中心とした立ち位置、およびそれを支える新しい時代背景からは見えづらくなってくる、ということを意味する。

宗教学と死生学の間に全くつながりがなくなっていると考えるのか、それとも宗教性やスピリチュアリティというものを、連続的に発展または変容してきたものとして考えるのか。超越性は本当に近代医療的生の外部に置かれているのか、それともその内部に紛れ込んでいるのか。こうした諸属性が時代的差異を超えて混在している現代においては、社会の中で認知されている情報の非対称性とも相まって、(特に知識や権力を持つ側は)公私両面で自らの都合のよいように、そうした超越性を帯びた側面を隠しやすくなる。そのため、透明性を確保したうえで、その内実を外側から検証するには非常な困難を伴うのである。この構造は宗教学だけでなく、ポスト近代以降の、宗教学の新たな一潮流としての「死生学」にも該当し得る、根本的な諸問題を内包している。

二　近代・ポスト近代論争と医療

近代生物学と近代医学、その誕生と歴史観の複数性

医療の分野における近代とポスト近代をめぐる論争は、上述の死生学と同様に、一九七〇年代から八〇年代を中心に、主に欧米を中心に広まった思想的論争としてのポスト近代論争の歴史の影響を受

けてきた。近代医学は一枚岩ではなく、生物学と医学という二つの分野が融合した学問体系と実践である生物医学を中心に据えながらも、医療を単一や複数の原理からそれぞれ捉える医療的一元論と医療的多元論をはじめとした、複数の矛盾した理論や実践から成り立つ構成体である。それがポスト近代における医療化という概念にどのような影響を与えているのか。

廣野喜幸によれば、近代生物学の源泉の一つは一九世紀初頭にまで遡ることができ、それ以前に生物学なる学問分野は存在しないという。その上で、この歴史観に従うならば、そうした近代生物学の誕生がいかに近代科学の誕生と関わりがあったのかを明らかにする必要があり、この点を明確にしないと、不要な混乱を引き起こす可能性があるという。つまり、そこに存在する歴史観の違いを踏まえていないと、果たして近代生物学の成立は一六—一七世紀なのか、一九世紀なのかで疑問が生じても不思議ではないこと、それを防ぐにはいくつかの注釈が必要であると指摘している（廣野 二〇〇二、三六頁）。

ここで大切なのは、第一科学革命と言われる一六—一七世紀における科学革命、第二科学革命と呼ばれる一九世紀前半における科学革命が、それぞれ宗教的動機の重要性が変化した歴史と重なっていることである。第二科学革命以降はこうした動機は消滅し、自然の法則を知ることそのものが目的となっていったが、このような質的な転換を村上陽一郎は「聖俗革命」と名付けた（村上 一九七六）。こうした質的転換のどこを重視するかによって、それぞれの立場は分かれることとなり、前述の村上はこれを、科学を一枚岩とみなしてよいのかという問題として捉えている。つまり、現在では物理学も化学も生物学も同じ科学とみなされていても、歴史的発展のパターンからみれば、それは必ずしも同

じものではないということになる。

こうした流れを踏まえた上で、近代医学史の概略を遡ってみると、その誕生をどこに求めるのかというのはさらに厄介な問題となる。人類の誕生以来続く医(学)の営みは、技術から知的な営みまでを含めた多様さと捉えにくさを有しており、前述のような質的転換点を措定しづらいところがある。例えば、フーコーが一九世紀初頭前後の臨床医学派とも呼ばれたパリ学派の活動に注目し、そのスタートを一八世紀末の数年間とした時(フーコー 一九六九、五頁)、フーコーはそこに近代の端緒を見出そうとした。しかし、パリ学派とは異なるドイツ圏の医学の登場により生物医学が確立されるまでには、一九世紀半ばまで待たなくてはならなかった。こうして基礎医学と臨床医学がようやく揃った後、二〇世紀に発展した微生物学が抗生物質の生産を可能にし、人類は病原菌への強力な対抗手段を得ることができたのである。

このような流れの中で、二〇世紀半ば以降に人体を舞台とした自然の支配というものが実現された。これを前述の廣野に従って、近代医学の始まりを自然の支配という理念が実現された、そうした科学としての医学の開始であると読むのであれば、近代医学の始まりは(廣野曰く、科学史学における正式名称ではないが、近代科学ならぬ現代科学の誕生という意味で)第三科学革命期以降だということになる。これは近代生物学など他の科学革命とは時期にズレがあるとともに、こうした質的転換のどこを重視するのか(例えば血液循環説を発見したハーヴェイや、現代人体解剖の創始者ともいわれるヴェサリウスを重視するのかなど)によって、どの科学革命を自然探求の歴史を分かつ分水嶺とするのかに意見の相違がある。このように、近代生物学と近代医学の誕生について考える際には、その歴史観の複数性を見落とすこ

とはできないのである。

医療化という概念の近代性と地域性、およびその限界について

さらに医療化という概念と合わせて考えた場合、こうした歴史観の複数性はさらに不可視的で境界がより不明瞭な領域を広げることとなる。まず医療化論そのものも一つではなく、例えばそのような現象に批判的なイヴァン・イリイチのような立場と(イリッチ　一九七九)、ピーター・コンラッドのようにそれを記述的な概念として用いようとする社会構築主義的な立場などに分かれている(コンラッド、シュナイダー　二〇〇三)。前者は医療などにおける専門家支配を帝国主義的と捉え、後者は社会的な問題が個人の心身の問題として捉えられていくことを関心の中心に置いている。このカテゴリーの中には、さらに脱医療化、薬物化、能力増強(エンハンスメント)などが含まれており、妊娠や出産をめぐる医療化の問題はジェンダー研究やフェミニズムの流れとも関係がある。このような新しいタイプの現代的医療化が、多方面にわたって進行しているのが現状である。

他にも、西洋医学とは異なる文化圏における医学の歴史もそこに加わってくる。例えば、帆刈浩之はその著書(二〇一五)において、英領植民地香港における中国系慈善団体、東華医院の国境を越えた様々な慈善活動を紹介している。中国医学が近代という時代にいかなる変容を遂げたのかについて、グローバルな視点から今日に至るまでの歴史を踏まえてまとめた上で、一九世紀末から二〇世紀初頭にかけての香港を舞台とした移民や慈善、医療などをめぐる考察をおこなっている。その根底には、中国医学の「近代化」「グローバル化」を自らの変革過程とするなど、西洋医学を絶対視する傾向に

対する批判的態度がある。華僑社会が歴史的に維持してきた「越境性」を医療史の観点にも導入した上で、中国大陸と香港などにおける近代医学と中国医学の対立と受容の差異を指摘するなど、近代医療としての西洋医学を前提としていないところが、帆刈の論考を非常に興味深いものにしている。

また細谷幸子は、イランでのフィールドワークを元に執筆した著書(二〇一一)において、介護福祉施設で高齢者や障害者の入浴介助をおこなうボランティアたちの語りの行為を記述することを通して、慈善活動とイスラームの関係を、イラン社会の文脈を踏まえた上で考察している。細谷は、最新の医療とイスラームの概念に依拠した喜捨や寄進などをおこなう環境が同居している施設で始まった入浴介助ボランティアの活動は、イランで広くみられる貧者を対象とした慈善活動の一つの応用形であると位置付けている(細谷 二〇一一、一四四頁)。こうした中で、当事者の主体性や自立性、自由を尊重する近年の思想的潮流とは相容れない状況が生じるなど、西洋的な公私二元論的な分析が当てはまらない状況が生じているという指摘は大変興味深い。

また西洋社会の内部においても、事情は複雑である。例えば佐藤典子はその著書『看護職の社会学』の中で、フランスの事例を通じて、看護が近代的な医療実践と結び付き、近代化の流れの中でどのように職業化していったのかについて検証している。看護と女性が結びつく理由を問いながら、臨床医学の祖とも言えるパリ学派による看護の職業化と近代化への影響、医療体制にのっとった組織的な看護と、従来の宗教的看護との分岐点の検証などを、フランスの医学史だけでなく社会史、中でも特に女性史との関係から紐解いている。そこで佐藤は、近代以降になってジェンダー化された看護という役割の、そもそものきっかけが宗教などの伝統的な言説にあることを明らかにし、皮肉なことに

それを定着させたのが、脱宗教化を目指したはずの近代化や医療化であったことを、以下のように指摘している。「医療化を支えたのは、医療の技術的発展や諸々の発見などであるが、それを解釈し、定着させる時点で使用されたのは、宗教的であるとはもはや思われないほど世俗化したかつての宗教的言説のイデオロギー化であった」(佐藤 二〇〇七、二二七頁)。佐藤自身は明記していないが、このフランスの医療と「ライシテ」(フランスにおける世俗主義や、政教分離の原則・政策)をめぐる関係を理解するためには、まさに前述のような近代生物学と近代医学の誕生についての知見とともに、その歴史観の複数性を見落とすことはできないのである。

上述した三つの著作が明らかにするのは、医療化論そのものは近代的なものであるが、同時にその歴史性や地域性を考えた場合には、一元化・普遍化されたものであると言い切るには限界があるということである。科学と宗教、医学と医療、ジェンダーなど、それぞれ異なる歴史観が混在するような状況は、ポスト世俗化の状況においてはさらに複雑性を増していくものでもある。そうした中で、ポスト近代における医療化を、ポスト世俗化と医療という観点から共に検証することが一層重要となるのである。

ポスト世俗化と医療——ハーバーマスの功績と限界

ハーバーマスによるポスト世俗社会(ハーバーマスほか 二〇〇七、二〇一四)とは、宗教的党派性の除去という意味での世俗化に対する、見方の変更や転回を意味するが、そこに至る長年の議論を整理する必要があろう。世俗的市民と宗教的市民の双方が、共に啓蒙される必要がある社会、人間の精神の

中でも知性や理性の働きを重視する主知主義といったカント的伝統から再構成されたこうした態度がまずは存在する。そこでは信仰と知が互いを自らに還元せず、不可知論的態度を保持しながら、議論を通じて相互学習する姿勢が求められる。こうした二重の反省プロセス(理論理性と実践理性の相互啓蒙)を重視するものの、これはあくまで世俗性が公共領域を支配するということが前提にあり、それは場合によっては私的領域の公権力による囲い込みにもつながりかねないところがある。

この二重の反省プロセスの妥当性は、誰がどのように判断するのか。公的な力のある側の私的領域にある信仰が、その翻訳作業に偏った影響を与える可能性はないだろうか。近代における医療化は、専門家システムの確立にともなう人的資源と学習資源の再配分化現象と密接な関わりがあり、ポスト近代における医療化は、その際に生じた同じ職業カテゴリーの業務内容の根本的な変化や、行為主体の実践および認知の構造的変化を前提としている。この中には、スピリチュアルケアワーカーや臨床宗教師などの、新しい制度や資格の創出などが含まれるのであるが、このようにしてある意味、境界線が溶解した状態で、不明確なまま資格の制度化などがおこなわれる際に、その制度化する側の判断に偏りが生じることは十分にあり得るのではないだろうか。ハーバーマスによるポスト世俗化という補助線を引いてみると、そこに内包された「公共宗教」と「見えない宗教」と医療をめぐる問題がより明らかになっていくのである。

三　再帰的近代における「スピリチュアルケアの創出」とその功罪

再帰的近代という視点の重要性と宗教研究における課題

一九九〇年代以降の医療の変容は、関連領域に大きな転回をもたらした。「スピリチュアルケアの創出」はこうした流れの中で誕生したが、これを再帰的近代という視点から考えた場合、世俗化された医療化された世界観の導入により、経済効率重視のヘルスケア市場に適応したものへと変容していったスピリチュアルケアは、新たなリスクをともなった不確定領域として認識される必要がある。

宇野重規はその著書の中で、再帰的近代化の下で発生する諸問題には明確な解決方法が存在せず、判断の前提として依拠できるものが存在しないため、いかなる決定的対策も存在しないにもかかわらず、永遠に意思決定をおこなっていかなくてはならないというリスク社会に私たちが生活していることを指摘している。ギデンスやベックに触れながら、そこでは私的問題と公的問題の媒介は消失しており、自分たちの行動にだけ関心が寄せられる結果として、公的領域が衰退していくと説明している。こうして再帰的近代による自明性の喪失は、様々な困難をもたらすこととなる（宇野・田村・山崎 二〇一一）。

こうした視点は、宗教研究にとっても大変意義深く示唆に富む。再帰的近代化によってもたらされた現代的状況を占うような萌芽的事態が、すでに明治期から進行していることにも注意を向けておきたい。例えば、中西直樹は吉永進一との編著（二〇一五）の中で、明治期の九州真宗の活動について「宗派間の教義解釈の相違を棚上げにした上で、キリスト教へ対抗する必要性が強調され、仏教全体の結束が提唱されるのである。しかし、それは、キリスト教に対する危機意識が後退するとき、一挙に結束の根拠を失う可能性を有するものでもあった」（一三〇―一三一頁）と指摘している。また別の著

書(中西二〇〇四)においては、明治期から大正・昭和期までの動向を見渡した、仏教と医療・福祉の近代史という視点から見た場合、大正期に活発となった仏教者の医療活動については、宗派間の教義解釈の相違を棚上げにした上で、仏教者たちは信仰の世界からそれぞれ、世俗的・公的・商業的な領域に足を踏み出していったと記述している。

こうした二つの論文で共通して指摘されている論点(通仏教的結束から世界的運動へ、信仰の世界から世俗的・公的・商業的世界へという視点)を踏まえた中西の分析は、筆者自身の問題意識とも重なり合う部分が多い。なぜなら、再帰的近代性が進行する近現代社会にあって包括的な再編成が繰り返される中では、宗派間また宗教と世俗の間にあった境界性は溶解し、それ以前の根の存在は次第に失われ、より強大な政治的・経済的一極に吸収されていく危険性があるからだ。再帰的近代という視点の妥当性と重要性を考えれば、時代は異なるがそれぞれに連なりながら見られる奇妙な相似形は、現代においてこそ再検討する必要がある事象である。当時の仏教者たちは、社会が一極へ向けて過剰に統治され全体主義化していく中で、こうした活動が軍や医療の現場などの公的な領域で変容しながら利用され、次第に国家に吸収されていくことを目の当たりにすることとなった。同様のことは今後、宗教の社会貢献に関する領域、また臨床宗教師やスピリチュアルケアの領域でも起こっていく可能性がある(またはすでに起きている)ということを指摘しておきたい。

再帰的近代におけるスピリチュアルケア研究の前提と課題

仁平(二〇〇五)は、前述したような超越的戦略を取る場合の困難について、再帰的近代とネオリベ

ラリズムという二つの側面から考察を加えている。まず再帰的近代についてであるが、スピリチュアリティという点から人間の死生を捉えようとする場合、理論的にわかっても実感としてはわからない人たちの例を出し、これが社会を超越した水準に死生の意味を求める議論一般に対する違和感へと繋がっていることを指摘している。つまり、超越的戦略は社会的なリアリティのレベルで困難を抱えることになるのではないかということである。

また市場の合理性を中心としたネオリベラリズムの登場により、生―権力概念の強調点がシフトしていったことを指摘し、超越的なスタンスを取る死生学がネオリベラリズムと共振してしまう可能性、また選別主義の強化がなされるような状況に対して、どのように対応しうるのかが不明確であるとしている。実は近年、こうした死生学的な動向と密接な関わりのあるスピリチュアルケア研究においても同様の傾向が出てきており、例えば公的スピリチュアルケアの制度化がなされているアメリカにおいては、統制の過剰な強化や予算のカットなどによる問題も生じている。こうした公的権力や市場による、宗教的資源や人材の一方的な消費とも言えるような動向は、まだ日本では十分に周知されておらず、今後の重要な課題として指摘しておきたい。

四　まとめ——スピリチュアルケアの誕生と終焉にみる「宗教に向きあう」ということ

現在の臨床宗教師などの関連資格の制度化に向けた方向性は、公権力および市場による飼いならしのシステムとしてのスピリチュアルケアへの道を邁進している。一元的な価値を設定しようとするこ

とで多様性を抑圧する態度は、現行コードの権威に浸かりながら、脱コード化を推奨するという矛盾(ひとことでいえば、内実を伴わず、看板に偽りがあるということ)による、スピリチュアルケアの空洞化と終焉を意味する。「宗教に向きあう」ということは、こうしたテーマを誰もが参加できる場(アリーナ)で議論の俎上に載せ、再吟味することに他ならない。宗教学の神学化、研究者の司祭化を批判的に考察しながら、誰のために、何が可視化され、何が不可視化されるのか、さらなる検討や再考が必要とされよう。

参考文献

イリッチ、イヴァン 一九七九、金子嗣郎訳『脱病院化社会――医療の限界』晶文社。

宇野重規・田村哲樹・山崎望 二〇一一、『デモクラシーの擁護――再帰化する現代社会で』ナカニシヤ出版。

北井万裕子 二〇一七、「パットナムのソーシャル・キャピタル概念再考――共同体の美化と国家制度の役割」『立命館経済学』第六五巻第六号、三二一―三二四頁。

北村敏泰 二〇一三、『苦縁 東日本大震災 寄り添う宗教者たち』徳間書店。

コンラッド、ピーター、ジョゼフ・W・シュナイダー 二〇〇三、進藤雄三監訳、杉田聡・近藤正英訳『逸脱と医療化――悪から病いへ』ミネルヴァ書房。

佐藤典子 二〇〇七、『看護職の社会学』専修大学出版局。

島薗進 二〇〇三、「死生学試論(一)」死生学研究編集委員会編『死生学研究 二〇〇三年春号』東京大学大学院人文社会系研究科、一二―三五頁。

内閣府国民生活局編 二〇〇三、『ソーシャル・キャピタル――豊かな人間関係と市民活動の好循環を求めて』国立印刷局。

中西直樹 二〇〇四、『仏教と医療・福祉の近代史』法藏館。
中西直樹・吉永進一編著 二〇一五、『仏教国際ネットワークの源流(龍谷叢書三五)』三人社。
仁平典宏 二〇〇五、「生―権力のたわみ――ホームレスの生の視点からみた死生学」死生学研究編集委員会編『死生学研究 二〇〇五年秋号』東京大学大学院人文社会系研究科。
ハーバーマス、ユルゲン、ヨーゼフ・ラッツィンガー著、フロリアン・シュラー編 二〇〇七、三島憲一訳『ポスト世俗化時代の哲学と宗教』岩波書店。
ハーバーマス、ユルゲン、チャールズ・テイラー、ジュディス・バトラー、コーネル・ウェストほか 二〇一四、箱田徹・金城美幸訳『公共圏に挑戦する宗教――ポスト世俗化時代における共棲のために』岩波書店。
パットナム、ロバート・D 二〇〇一、河田潤一訳『哲学する民主主義――伝統と改革の市民的構造』NTT出版株式会社。
広井良典 二〇〇五、「死生観そして「たましいの帰っていく場所」――自然のスピリチュアリティをめぐって(報告要旨)」死生学研究編集委員会編『死生学研究 二〇〇五年秋号』東京大学大学院人文社会系研究科。
廣野喜幸 二〇〇二、「第二章　近代生物学・医学と科学革命」廣野喜幸・市野川容孝・林真理編『生命科学の近現代史』勁草書房、三五―五二頁。
フーコー、ミッシェル 一九六九、神谷美恵子訳『臨床医学の誕生』みすず書房。
藤本龍児 二〇一七、「第一〇章　公共領域から(どれだけ)宗教を排除すべきか?」大谷栄一・川又俊則・猪瀬優理編『基礎ゼミ宗教学』世界思想社、八六―九四頁。
ベック、ウルリッヒ、アンソニー・ギデンス、スコット・ラッシュ 一九九七、松尾精文・小幡正敏・叶堂隆三訳『再帰的近代化――近現代における政治、伝統、美的原理』而立書房。(Beck, Ulrich, Anthony Giddens and Scott Lash, 1994, *Reflexive Modernization: Politics, Tradition and Aesthetics in the Mod-*

ern Social Order, Polity Press.)
帆刈浩之　二〇一五、『越境する身体の社会史――華僑ネットワークにおける慈善と医療』風響社。
細谷幸子　二〇一一、『イスラームと慈善活動――イランにおける入浴介助ボランティアの語りから』ナカニシヤ出版。
村上陽一郎　一九七六、『近代科学と聖俗革命』新曜社。
渡部奈々　二〇一一、「パットナムのソーシャル・キャピタル論に関する批判的考察」『社学研論集』一八巻、早稲田大学大学院社会科学研究科。
Carrette, Jeremy and Richard King, 2005, *Selling Spirituality: The Silent Takeover of Religion*. Routledge.
Levi, M. 1996, "Social and Unsocial Capital: A Review Essay of Robert Putnam's Making Democracy Work", *Politics and Society*, 24(1), 45–55.

シリーズ「いま宗教に向きあう」について

本シリーズは、二〇一〇年代も終わりに近づき、元号も変わるという時に、「私たちはどこからどこへ向かっているのか」を「宗教」という参照点から大局的にとらえたものです。本シリーズには、「現代と宗教」をテーマとするこれまでの論集にはあまり見られない特色があります。

第一に、宗教研究を専門とする執筆者が中心であることです。二〇〇〇年代に入って、J・ハーバーマス、C・テイラーといった著名な社会学者、哲学者等が宗教に関する書を出し、それに触発された議論が国内でも広がりました。しかし、世俗化後の宗教復興、宗教の私事化などは二〇世紀から宗教学者も議論してきたことなのです。その蓄積があまり参照されず、基礎的語彙・認識にも混乱が見られるようになりました。そこで二〇〇〇年以降の事象や諸分野での議論を踏まえつつ、宗教学の蓄積を改めてまとめ、ヴァージョン・アップし、参照されやすい形で提供しようと考えました。各巻の「争点」で、諸分野での議論と宗教学の議論を突き合わせ、論争の見取り図を示すことでバランスを取るようにしたのも、この種の論集にない新機軸です。

第二の特色は、いわゆる「世界の諸宗教」だけでなく、世間で「宗教」と見なされていない個人的な信念や漠然とした宗教的志向性や行為・慣習をも対象に含めている点です。これは宗教現象の多様化を押さえたというだけにとどまりません。従来の「宗教」という言葉が、個人の内面的信仰こそ本

質だとするような西洋近代の宗教観を前提としていたことに対して、国内外の研究者の間で反省が進んだことを反映しています。

本シリーズはさまざまな具体的事例を扱いながらも、これらの問題意識を根底に置いているため、大事件のたびに左右されるジャーナリストや著名人による論評とは異なります。宗教を恒常的に観察する者からの情報を盛り込み、事例を大きな歴史的・社会的文脈の中に位置づけ、一般性のある理論で整理することにより、「いま宗教に向きあう」のに必要な耐久性のあるパースペクティブを提案するものです。

ＪＳＰＳ科研費基盤研究（Ｂ）（課題番号２６２８４０１１）の助成による研究の成果が含まれます。

編者

【執筆者】

塚田穂高（つかだ ほたか）
1980年生．上越教育大学助教．宗教社会学，政教関係研究．『宗教と政治の転轍点――保守合同と政教一致の宗教社会学』（花伝社），『徹底検証 日本の右傾化』（編著，筑摩選書）など．

奥山倫明（おくやま みちあき）
1963年生．南山大学教授．近代宗教史，政教関係論．『制度としての宗教――近代日本の模索』（晃洋書房），『エリアーデ宗教学の展開――比較・歴史・解釈』（刀水書房）など．

住家正芳（すみか まさよし）
1973年生．立命館大学教授．宗教社会学，法と宗教，社会進化論と宗教．「ポスト・セキュラー論で読む宗教判例――ハーバーマスとテイラーの議論から」『現代社会理論の変貌』（日暮雅夫・尾場瀬一郎・市井吉興編著，ミネルヴァ書房），「ナショナリズムはなぜ宗教を必要とするのか――加藤玄智と梁啓超における社会進化論」『宗教研究』87巻1号（日本宗教学会編）など．

高橋 原（たかはし はら）
1969年生．東北大学教授．死生学，宗教心理学．『ユングの宗教論――キリスト教神話の再生』（専修大学出版局），「声にならない声を聴く――死者の記憶に向き合う宗教者」『〈死者／生者〉論――傾聴・鎮魂・翻訳』（鈴木岩弓・磯前順一・佐藤弘夫編，ぺりかん社）など．

小川有閑（おがわ ゆうかん）
1977年生．大正大学地域構想研究所・BSR推進センター主幹研究員．現代における仏教者の社会的責任の研究．「自死者のゆくえ――僧侶なりの自死遺族支援の形」『現代宗教2011』（国際宗教研究所編），「自死者と遺族の対話――宗教的グリーフケアへの一視座」『死生学年報2012』（東洋英和女学院大学死生学研究所編）など．

竹内喜生（たけうち よしお）
1967年生．（公財）国際宗教研究所研究員．「国家と宗教」，「宗教と公益」研究．「「宗教法人の公益性」をめぐる研究の現状――公益概念を中心に」『現代宗教2017』（国際宗教研究所編），「日本における宗教と税制の関係性――古代から近代まで」『中央学術研究所紀要』45号（中央学術研究所）など．

Mira Sonntag（ミラ・ゾンターク）
1971年生．立教大学教授．近現代アジアのキリスト教研究．“Christian Patriotism and Japanese Expansionism. ‘God's Kingdom’ in Debates of Christian Intellectuals in Modern Japan”. “*To give publicity to our thoughts” Journals of Asian and African Christians around 1900 and the making of a transregional indigenous-Christian ‘Public Sphere’*. Ed. by Klaus Koschorke, Adrian Hermann, Frieder Ludwig & Ciprian Burlacioiu, Harrassowitz.「日本の初期ホーリネスにおける「神癒」の理解――内村鑑三との関連で」『キリスト教学』53号（立教大学キリスト教学会編）など．

星野靖二（ほしの せいじ）
1973年生．國學院大學准教授．近代日本宗教史．『近代日本の宗教概念――宗教者の言葉と近代』（有志舎），「清沢満之の「信」――同時代的視点から」『清沢満之と近代日本』（山本伸裕・碧海寿広編，法藏館）など．

榎本香織（えのもと かおる）
上智大学グリーフケア研究所研究員．スピリチュアリティ，スピリチュアルケア，メディア論．「昭和三十年代の大本とテレビ」『バラエティ化する宗教』（石井研士編著，青弓社），「電子メディアを巡る宗教的想像力とその実践――《聖性》の拡張による社会参画の観点から」（東京大学大学院学位申請論文）など．

小池 靖（こいけ やすし）
1970年生．立教大学教授．宗教社会学，心理主義論．「スピリチュアリティの倫理とグローバル資本主義の精神？」『宗教研究』88巻2号（日本宗教学会編），『セラピー文化の社会学』（勁草書房）など．

古澤有峰（ふるさわ ゆみ）
東京大学大学院人文社会系研究科研究員．医療人類学，死生学，政治哲学，臨床倫理学，社会思想史．『スピリチュアルケアの創出と共同体幻想』（東京大学出版会，2019年春出版予定，単著），Yumi Furusawa, “Samuel J.M.M. Alberti and Elizabeth Hallam (eds), Medical Museums: Past, Present, Future” (London: The Royal College of Surgeons of England, 2013), in *Medical History*, vol. 61 (1), pp. 130–132, Cambridge University Press（書評論文）など．

【責任編集】

西村　明

1973年長崎県生．東京大学准教授．慰霊論，「戦争と宗教」研究．『戦後日本と戦争死者慰霊――シズメとフルイのダイナミズム』(有志舎)，『慰霊の系譜――死者を記憶する共同体』(村上興匡との共編著，森話社)など．

いま宗教に向きあう 2
隠される宗教，顕れる宗教〈国内編 II〉

2018年10月25日　第1刷発行

編　者　西《にし》村《むら》　明《あきら》

発行者　岡本　厚

発行所　株式会社　岩波書店
〒101-8002 東京都千代田区一ツ橋 2-5-5
電話案内 03-5210-4000
http://www.iwanami.co.jp/

印刷・理想社　カバー・半七印刷　製本・松岳社

ISBN 978-4-00-026508-9　　Printed in Japan

いま宗教に向きあう 2

隠される宗教、顕れる宗教 国内編 II